ЮЛИЙ КИМ

БЕЗ-
РАЗ-
МЕР-
НОЕ
ТАН-
ГО

Юлий Ким принадлежит к блестящей плеяде бардов «первого призыва» и по праву занимает достойное место в ряду великих имён – Высоцкого, Окуджавы, Галича, Визбора, Матвеевой...

Он из бардов – самый «театральный». Всем известны его песни из фильмов «Обыкновенное чудо», «12 стульев», «Бумбараш», «Человек с бульвара Капуцинов», «Красная Шапочка», «Усатый нянь», «Собачье сердце» и др. Они звучат во множестве спектаклей по произведениям Шекспира, Фонвизина, Маяковского, Блока, Дюма и др. На музыку Ген. Гладкова, В. Дашкевича, А. Рыбникова в исполнении А. Миронова, М. Боярского, В. Золотухина, Е. Евстигнеева, Р. Зелёной, Е. Камбуровой и др. В его портфеле – десятки пьес, инсценировок и либретто, воплощённых на многих сценах.

В центре его внимания постоянно находятся и общественно-политические проблемы, судьбы мира и страны, о чём свидетельствуют его многочисленные так называемые «крамольные» песни и целых три пьесы: «Ной и его сыновья» (о судьбах мира), а также «Московские кухни», «Опера нищих на русский мотив» (о судьбах страны).

Ким – лауреат Гос. Премии им. Б. Окуджавы, лауреат Премии Поэт 2015 г.

В 1998 году он к своему российскому гражданству добавил израильское, что вдохновило его на новую важную тему в работе.

Словом, его творческая палитра впечатляюще разнообразна, так что с ним ни в коем случае не соскучишься.

Юлий Черсанович Ким
Безразмерное танго. Стихи, Филадельфия, 2024 - 278 с.
ISBN 979-8-9858179-3-5
Обложка: Марат Ким ©
Редактор: Татьяна Алексеева
Компьютерная вёрстка: Анна Бродская
Фото: Александр Ефремов ©
Издатель: Павел Мостинский

Yuliy Kim
Neverending Tango. - Poetry, Philadelphia, 2024 - 278 pp.
ISBN 979-8-9858179-3-5
Cover by Marat Kim
Editor Tatiana Alekseeva
Computer Design by Anna Brodsky
Photo by Alexander Efremov
Published by Paul Mostinski

Library of Congress Control Number: 2024904841

ПРЕ-
ДИ-
СЛОВИЕ

АВ-
ТОРА

Это предисловие я, было, начал так:
«Уважаемый читатель! Перед Вами — мой литературный автопортрет...»
Но тут же и осёкся.
Потому что черты моего литературного лица если и различимы, то не сразу и не чётко.
То ли дело Александр Городницкий — сразу видно: это романтик. Или Булат Окуджава — драматический лирик. Или Владимир Высоцкий — трагический бунтарь. Это слышно даже в его песнях для Алисы-в-Стране-чудес.
То есть у всех перечисленных есть узнаваемая авторская интонация, о чём бы они ни писали.
Чего обо мне не скажешь. А если скажешь, то не сразу. Потому что я увлекаюсь интонацией персонажа.
Хотя, конечно, бывают моменты полного совпадения с героем, как, например, в припеве исповедальной песни Остапа Бендера «Белеет мой парус». Публика, как правило, охотно подпевает мне в этом месте, то есть тоже совпадает, вместе со мной.
Но в подавляющем большинстве случаев «озвученные» мной персонажи звучат отдельно от меня.
Итак, приятного чтения!

Юлий Ким

ПЕСНИ
РАЗНЫХ
ЛЕТ

ГРЕНАДЁРЫ

Как гром,
Гремит команда:
— Равняйсь! — налево или на-пра-во!
Теперь пускай ударит канонада,
А там посмотрим, кто кого!

Припев:
В штыки!
А ну-ка зададим им дёру!
Труба, труби, труба, труби, веди!
И пусть повезёт гренадёру
Живым с поля брани уйти!

Как гром,
Грохочут кружки,
А в них не кофе и не молоко —
Шампань, Клико стреляет, как из пушки —
Вперёд! Посмотрим, кто кого!

Припев.

Как гром,
Грохочет женка:
«Болван! Опять надрался ты — с чего?!»
Она метлу, а я беру заслонку, —
Вперёд! Посмотрим, кто кого!

Припев.

КАВАЛЕРГАРДЫ

Красотки, вот и мы — кавалергарды!
Наши палаши — чудо хороши!
Ужасны мы в бою, как леопарды!
Грудь вперёд, баки расчеши!

Выступаем справа по три
Весело, весело!
Палаши вынимаем
Наголо, наголо!
Враг бежал без боя, взяли мы село.
Sacre blue!
Но где же здесь вино?

Кавалергарды мы и кавалеры:
Зря не будем врать — вам не устоять!
Графини, герцогини, королевы —
Все одно, нам не привыкать!

Выступаем справа по три
Весело, весело!
Палаши вынимаем
Наголо, наголо.
Враг бежал без боя, взяли мы село.
Sacre nom!
Но где же здесь вино?

В бою, в любви — нигде мы не бежали,
Боже сохрани! Боже сохрани!
Уж если мы падём в пылу батальи,
То, слава Богу, ляжем не одни…

Выступаем справа по три
Весело, весело!
Палаши вынимаем
Наголо, наголо!
Враг бежал без боя, взяли мы село.
Parblue!
Но где же здесь вино?

БОМБАРДИРЫ

Генерал-аншеф Раевский сам сидит на взгорье,
Держит в правой ручке первой степени Егорья.
Говорит он: «Слушайте, что я вам скажу:
Кто храбрее в русском войске, того награжу!»

    Припев:
Драгун побьёт улана,
Гусар побьёт драгуна,
Гусара гренадёр штыком достанет, —
Хе-хе...
А мы заправим трубочки,
А мы направим пушечки:
А ну, ребята, пли!
Господь нас не оставит...

Генерал-аншеф Раевский зовёт командиров:
«Чтой-то я не вижу моих славных бомбардиров?»
Командиры отвечают, сами все дрожат:
«Бомбардиры у трактиру пьяные лежат!»

    Припев.

Генерал-аншеф Раевский сам сидит серчает,
До своей особы никого не допущает.
Говорит он адъютанту: «Мать твою ядрить!
Бомбардирам у трактиру сена постелить!»

    Припев.

Генерал-аншеф Раевский любит бомбардиров!

ЧЁРНОЕ МОРЕ

Чудное море, Чёрное море!
О, этот блеск
Плюс
Плеск
Близкой волны!..
Мы окунулись раз в Чёрное море
И оказались, словно негры, черны...

О, это счастье разнузданной лени!
Возьмите всё, всё, всё, всё прочь от меня,
Только оставьте мне капельку тени,
Холодного пива и горячего дня!

О, это пиво! О, эти вина!
О, эта ча-ча-ча-ча — шум в голове...
Мы их не выпили и половину —
Ну, значит, остаток дотянем в Москве.

О, это море, о, эти пляжи!
Передо мной зной, зной, зной да вода...
На самолёте или в экипаже,
Но ведь нельзя же не вернуться сюда.

ОТВАЖНЫЙ КАПИТАН

Хорошо идти фрегату
По проливу Каттегату —
Ветер никогда
Не заполощет паруса.
А в проливе Скагерраке
Волны, скалы, буераки
И чудовищные раки.
Просто дыбом волоса!

А в проливе Лаперуза
Есть огромная медуза.
Капитаны помнят,
Сколько было с ней возни.
А на дальней Амазонке,
На прелестной Амазонке
Есть такие амазонки, —
Просто чёрт меня возьми!

Если хочется кому-то
Маринованного спрута,
Значит, ждёт его Калькутта
Или порт Бордо.
А бутылку Эль-Мадейро,
Что ценой в один крузейро,
Кроме Рио-де-Жанейро
Не найдёт нигде никто!

Я прошёл довольно рано
Все четыре океана,
От пролива Магеллана
До Па-де-Кале.
От Канберры до Сантьяго
Скажет вам любой бродяга,
Что такого капитана
Больше нету на земле!

НУ, ТАК И ЕСТЬ!

*Песня молодого капитана торгового корабля,
опасающегося встречи со знаменитым пиратом
Робертом Смитом*

Свистит пассат,
Бизань скрипит,
Уткнулся вдаль бушприт...
Эй, не зевай на марсе —
Здесь часто бродит Смит.
Во всех морях,
Во всех портах
На этих берегах
Проклятый Смит на всех наводит страх.

Ну, так и есть —
Вон, вон на горизонте эти флаги!
Я узнаю — это Смит, гроза морей.
Свистать наверх команду!
Канониры, приготовиться к контратаке!
Снарядов не жалей!
И пороху не жалей!
Смелей, чёрт побери, смелей, чёрт побери,
Смелей!

А может быть, а может быть,
В далёкие края
Идёт простой торговец,
Такой же, как и я?
Но если так, но если так,
Но если это так,
Тогда не выйдет Смит на полубак...

Ну, так и есть — вон,
Вон он сам стоит на полубаке!
Я узнаю — это Смит, гроза морей.
Свистать наверх команду!
Канониры, приготовиться к контратаке!
Снарядов не жалей!
И пороху не жалей!
Смелей, чёрт побери, смелей, чёрт побери,
Смелей!

О, Боже мой, о, Боже мой,
Прошу лишь одного,
Чтоб первый мой брандскугель —
В крюйт-камеру его!
О, Боже мой, ну, сделай так,
Ну, сделай, Боже, так,
Чтоб Смит на абордаж не подал знак!

Ну, так и есть — вон,
Вон он подаёт рукою знаки!
Я узнаю — это Смит, гроза морей.
Свистать наверх команду!
Канониры, приготовиться к контрата...
Тра-та-та-та!

ПЕСНЯ СТАРОГО ПИРАТА

На синем океане
Летит мой черный бриг:
Бристоль, Марсель, Кейптаун,
Торонто...
Сто три меридиана
Проткнул его бушприт,
И все без капремонта.

Английской королевы
За мной гонялся флот,
Сидел я и в остроге,
И в яме,
Меня среди Женевы
Ждал личный эшафот, —
И вот я здесь, я с вами!

Припев:
Через глаз — повязка,
Через череп — шрам...
Это не жизнь, а сказка,
Доложу я вам!
Добычу при победе
Мы делим пополам,
И только малютку леди,
И только малютку леди,
И только малютку леди
Я выбираю сам!

Пиастры и дублоны
Мне ветер пригонял:
Борт в борт, о шпагу шпага —
И к чёрту!
Зато в ответ мильоны
Я на ветер швырял, —
Мы с ветром схожи в чём-то.

Купец помрёт за деньги,
Попа удушит жир,
Солдат помрёт за чью-то
Корону.
А я помру на стеньге
За то, что слишком жил,
И всё не по закону!

Припев.

ПО БУШУЮЩИМ МОРЯМ

На мелодию старинной песни
«Из Мадрида в Лиссабон»

По бушующим морям
Мы гуляем здесь и там,
И никто нас не зовёт в гости —
Йо-хо-хо!
А над нами — чёрный флаг,
А на флаге — белый знак:
Человеческий костяк и кости!
Йо-хо-хо!
По бушующим морям —
Воля нашим кораблям.
Всё, что море дарит нам,
Делим пополам!

А море шлёт
Нам весь торговый флот:
И флот голландский,
И флот гишпанский.
За всё добро —
За мех и серебро —
Заплатит ножик под ребро!
После абордажа
Мы берём стаканы,
Все, и даже стража,
Пьют четыре дня
Запоем!
Дикий ром Ямайки,
Виски Сан-Франциско,
Бренди из Сант-Яго
Крови даст огня!

А если вдруг
Иссякнет наш сундук,
Мы всюду рыщем,
Добычу ищем.
На целый свет
Для нас законов нет,
А за семь бед —
Один ответ:
Пуля — капитану,
Петля — атаману,
Остальной команде
Камень привязать —
И в море!
А пока мы живы,
Ищем мы наживы.
А на то, что будет,
Трижды наплевать!

По бушующим морям
Мы гуляем здесь и там,
И никто нас не зовёт в гости —
Йо-хо-хо!
А над нами — чёрный флаг,
А на флаге — белый знак:
Человеческий костяк и кости!
Йо-хо-хо!
По бушующим морям —
Воля нашим кораблям.
Всё, что море дарит нам,
Делим пополам!

МАЛЮТКА ДЖЕННИ

Малютка Дженни так мила — йо-хо-хо!
Скажи, малютка, где была? — йо-хо-хо!
С кем ты гуляла на лугу? — йо-хо-хо!
Она молчит и ни гугу — йо-хо-хо!

Припев:
Эй, Дженни, Дженни, Дженни, Дженни,
С кем ты гуляла на лугу?
Дженни! А Дженни — ни гугу!..

Малютка Дженни, погоди, — йо-хо-хо!
С матросом в церковь не ходи — йо-хо-хо!
С ним обвенчаешься едва, — йо-хо-хо!
И через год уже вдова — йо-хо-хо!

Припев.

Малютка Дженни так мила — йо-хо-хо!
В сочельник сына родила — йо-хо-хо!
Никто никак понять не мог, — йо-хо-хо!
На кого похож сынок — йо-хо-хо!

Припев.

БАЛЛАДА О КРЫСЕ

Жила-была на свете крыса
В морском порту Вальпараисо,
На складе мяса и маиса,
Какао и вина.
Она жила, пила и ела,
Но ей на складе надоело:
Во всей округе захотела
Поцарствовать она!

Призвав родню для этой цели,
Она во все полезла щели.
Кота и кошку крысы съели
Тотчас, в один присест!
И вот они потоком серым
Пошли по площадям и скверам —
Того гляди, таким манером
Весь город крыса съест!

Но вот юнец один зелёный
На старой дудке золочёной
Завёл мотивчик немудрёный,
Поплыв в морскую даль.
А крыса музыку любила,
За дудкой крыса поспешила,
И море крысу поглотило —
И мне её не жаль!

Ибо правду скажем смело:
Ты двух зайцев не лови —
Либо делай своё дело,
Либо музыку люби!

ГЕРЦОГИНЯ

И в Москве, и везде, с кем бы мы ни граничили,
И в ненастье, и в вёдро, и вновь, и опять,
Герцогиня во всём соблюдала приличия —
Вот чего у неё не отнять!

И среди дикарей, чьи ужасны обычаи,
И в узилище мрака, и в царстве теней,
Герцогиня во всём соблюдала приличия —
Вот чего не отнимешь у ней!

Даже будучи демоном зла и двуличия,
Предаваясь разврату и водку глуша,
Герцогиня во всё соблюдала приличия
И не кушала спаржу с ножа
Никогда!..

НА ПОКОСЕ

Отобью свою литовку,
На брусочке заточу,
Самогона поллитровку
На дорожку прихвачу.

Коса острая засвищет —
Лягут синие цветы.
Доставай, купец, полтыщи
За тяжёлые труды.

Притупилася литовка,
Примахалася рука,
Подноси, Дуняша, мужу
Кипячёна молока!..

Ой, кровь горяча —
Дай-ка лучше первача!

ЛОШАДЬ ЗА УГЛОМ

Я как-то видел психа:
Он был помешан тихо
На очень странной мысли,
Что лошадь за углом.
Нет, так-то он нормальный был:
Газеты чёл, супругу чтил, —
Но убежденно говорил,
Что лошадь за углом.

И вот об этом случае
В компании друзей
Поведал я при случае,
Чтоб было веселей.
Друзья переглянулися:
А в чём же анекдот?
Лошадка — вон, на улице,
Налево от ворот.

Я несколько опешил,
Переменил сюжет:
Лимонов, мол, до лешего,
Зато картошки нет,
И водка всё дороже,
И толку мало в чём,
И лошадь... — А что лошадь?
Налево, за углом!

Кой-как походкой шаткою
Я выбрался от них
И за угол украдкою:
Там пусто — я не псих!
Я к доктору-спасителю:
Такая, мол, фигня!

А он: — Так-так, не видели.
Средь бела дня не видели.
Все видели — вы не видели... —
И смотрит на меня!..

Я улыбнулся кривенько:
— Простите, пошутил!
И вон из поликлиники,
И всю неделю пил.
Но с кем бы ни кутил я,
Мне каждый говорит:
— Далась тебе кобыла!
Да пусть себе стоит!

И я поплелся к местному
Чудному чудаку,
Ну, и под «Экстру» экспортную
Всё, как на духу.
— Э, — говорит, — мой милый!
Вы вон, — говорит, — о чём!
Нет никакой кобылы
Ни за каким углом.
Но знаете, — не трожьте!
Не лазьте за углы!
Пускай уж лучше лошади,
Чем горные орлы!

СЕНСАЦИЯ

Я сел однажды в медный таз
Без вёсел и руля,
И переплыть Па-де-Кале
На нём решился я.
Ведь на подобном корабле
Через пролив Па-де-Кале
Никто не плавал до меня.

Я вмиг озяб, я вмиг промок,
Пропал весь мой порыв...
Прости мне, Господи, мой заскок,
Но пусть я останусь жив!
То таз на мне, то я на нём,
Уж я не помню, кто на ком,
Но переплыли мы пролив.

И вот — сенсация! На стенку лезет
пресса:
— Впервые в мире! Герой прогресса!
Без вёсел и руля!
Представьте себе — он плыл в тазу,
При этом — ни в одном глазу!
Сенсация!
И в центре — я!

Я тут же продал медный таз
За тысячу монет,
И перепродал свой рассказ
В тысячу газет.
Есть дом в кредит, есть в банке счёт,
Кругом почёт, чего ж ещё?
На всех консервах мой портрет.

Мужчины просят только одно —
    виски «Медный таз»,
Все дамы носят только одно —
    клипсы «Медный таз»,
Весь мир танцует только одно —
    танго «Медный таз»,
Под самый модный медный джаз!

Но время шло, и шум иссяк,
И в банке счёт — увы!
Семья бранится так и сяк,
И нет уж той любви.
Друзья пьют виски с содовой
И требуют: — Ещё давай!
Ещё на чём-нибудь плыви!

Уж я не знаю, как мне быть,
У всех одно в башке:
— В тазу теперь не модно плыть —
Вот если в дуршлаге!
Хотя игра не стоит свеч:
Дуршлаг ведь может и потечь.
Попробуй на ночном горшке!

И вот сенсация, на стенку лезет пресса:
— Впервые в мире! Герой прогресса!
Давайте сюда кино!
И я плыву как идиот,
И подо мной горшок плывёт,
И мы вот-вот пойдём на дно...

МОНОЛОГ О КЛЕВЕТЕ

Если надо человечка
Съесть без вилки и ножа,
Это надо делать тихо, не спеша.
Тут словечко, там словечко,
И пошло, пошло, пошло,
Глядь — и нету человечка,
Что-то с ним произошло.
А то, что от рождения
Для всех нас, сколько есть,
Нет выше наслаждения,
Чем человечка съесть!

А хотите побыстрее —
Не стесняйтесь, господа:
Напишите про злодея кой-куда...
Вот он выйдет на крылечко,
Всем довольный, как никто.
О! — а где же человечек?
А ведь был же только что!
А в чём же объяснение?
А вот в чём, ваша честь:
Нет выше наслаждения,
Чем человечка съесть!

Согласимся наконец-то,
Что естественный отбор
Возбуждает людоедство до сих пор.
Было так и будет вечно!
Так что, милое дитя,
Ешь человечка,
Ешь человечка,
А иначе он — тебя!

ТВОРЧЕСКИЙ КРИЗИС

Ой, не пишется ни песен, ни романсов,
Ничего-то я никак не сотворю,
Что является огромным потрясеньем для
финансов,
О духовном мире уж не говорю.

Ой, не ездеется на море в Эстонию,
В тёмном лесе не находится грибов,
Сердце тянется к раздолью, тело тащится к
застолью,
А оттуда — на диван, и вся любовь!..

Что ли глянуть в Литгазету, в самом деле,
Мож, найдётся объяснение в статье,
Может, что-нибудь сломалось в нашей Солнечной
системе
Или где-то в окружающей среде.

Может, балуется бомбой мериканец,
А нам тоже игнорировать нельзя.
Из-за солнечных явлений или прочих облучений,
Мне бы главное — чтоб не из-за меня!

А то если сам дурак — это худо.
Это значит навсегда — плюнь да брось.
Это, стало быть, дорос я дотуда,
Послекуда уже некуда рость.

Ой, ты, полюшко, березонька, околица!
Лебеда, калина, сито, решето!..
Ой, что хочется — то колется,
Что колется — не можется,
Что можется — то, кажется, не то!

ТРЕТИЙ ЛИШНИЙ

Я встаю на рассвете, я ложусь на закате,
Целый день я как белка кружусь.
Мне дают по труду, я даю по зарплате,
И опять я встаю и ложусь.

Всё, что нужно, умею, всё, что можно, имею.
Мчится время, как пуля во тьме…
Стоп!
Где я?
А я не знаю где.

Где-где, где, где — неужели интересно,
Какой пейзаж тебе ласкает взор?
Может быть, Кустанай, а быть может, Одесса,
Вероятно, Серебряный Бор…

Да, да, да, дамы, синьоры, кавалеры,
Включайте музыку для души!
Ваши детки в кроватке, ваши почки в порядке.
Ничего,
Всё нормально,
Дыши!

Говорят обо мне, что я в профиль — Утёсов
И Муслим Магомаев — анфас.
Что в душе я — блондин, а снаружи — философ.
Что я вылитый кто-то из вас!
В коллективе хорош, уваженья достоин,
И здоровье моё на все сто!
Стоп!
Кто я?
А я не знаю, кто…

Кто, кто, кто, кто, неужели интересно?
Какая разница, ты — парень свой:
Может быть, лейтенант, а быть может, профессор,
А быть может, и тот и другой!

Да, да, да, дамы, синьоры, кавалеры,
Включайте музыку для души!
Ваши почки в порядке, ваши дочки в кроватке.
Ничего,
Всё нормально,
Дыши!

Надо мной — небосвод, подо мною — планета,
Между ними какой-то чудак.
Он — ни то и ни сё, он и здесь, он и где-то...
Третий лишний — пожалуй, что так!
И зачем — неизвестно, и к чему — непонятно...
В результате — сплошные нули...
Стоп!
Ладно.
Чего стоять? Пошли!..

Теперь чего хочешь,
Когда хочешь,
Сколько хочешь,
А у нас третий — лишним не бывает.

ФЕДЯ

Я в Господа не верую,
Но так, на всякий случай,
Навёл, конечно, справки: откуда, как и что.
Оказывается, Он — всеведущий,
Поскольку вездесущий,
И всё могущий, даже то, чего никто.

А я-то думал, я один такой.
Выходит, у меня есть конкурент!
А это значит — под вопросом мой
Авторитет, процент и дивиденд!

Я звякнул серафиму,
Тот брякнул херувиму —
Есть у меня знакомые среди высоких сфер.
И вот вблизи Эдема —
Не местность, а поэма —
Господь ко мне явился. Я говорю: «Сит даун, сэр!»

А сам гляжу — ведь был один такой!
Вот только я фамилию забыл:
Не то Лев Швейцер, не то Альберт Толстой —
По дефициту он не проходил.

— Ну, здравствуй, — говорит — Фёдор,
Гляжу, ты духом бодр.
— Да грех — говорю — жалиться, ведь у меня есть
всё:
И тело в полном здравии,
И в голове сознание,
Причём его всё время определяет бытие.

— Ну, как же, — говорит, — всё есть,
А где же честь да совесть?
Я думаю, Он шутит — нет, смотрит не шутя.
— Да вы — говорю — сами гляньте:
Во всеобщем прейскуранте
Не значатся, о Господи, такие запчастя!

Штанишечки — пожалуйста,
Покрышечки — пожалуйста,
Но чтобы честь да совесть, то уж чего-чего,
А этого не просят!
Видать, давно не носят.
А раз чего не носят, значит можно без того!

— Ну, как же, — говорит, — Фёдор, а душа?
Мой негасимый свет, бесценный дар?
— Душа, — говорю, — о, Господи, грешна.
Душонка, прямо скажем, не товар!
И дерзок и не кроток я,
И обижал сироток я,
И правдами-неправдами гасил негасимый свет.
Но, Господи, что ж поделаешь?
Во что же тут поверуешь,
Когда кругом материя, а вас, извиняюсь, нет!

А Он на меня глядит во все глаза.
Глядит, ни слова больше не изрёк.
И только вижу — катится слеза...
Я подобрал и спрятал в пузырёк.
И вот я снова в родном лесу.
— Ко мне, ребята, ко мне, друзья!
Кто больше даст за чистую слезу,
Которую Бог пролил за меня?

ВОЛОДЯ

Они говорят: «Володь, Володь, ты ж — наш герой труда.
Но, просто спасу нет от твоего запою!»
А я говорю: «Погодь, погодь, я значит вас позорю?
Катитесь колбасою, могу сказать куда!
Могу, но не буду,
Могу, но не стану,
Свои полбанки с полбуханкой я всегда достану.
При общем дефиците всегда устроюсь я,
А вы уж как хотите, упирайтесь без меня».

Он мне говорит: «Володь, Володь, я тыщу заплачу.
Поставлю первачу — ты только сделай быстро».
А я говорю: «Погодь, погодь, не дёргайте артиста.
Зайдите через месяц, а щас я не хочу.
Могу, но не буду!
Могу, но не желаю!
И эту вашу бренди я спокойно презираю!
И даже не упрашивай и на стену не лезь:
Мне не надо вашего, у меня всё есть».

Она говорит: «Володь, Володь, а как же наш малыш?
Вот ты всё время пьёшь, а он всё время плачет».
А я говорю: «Погодь, погодь, выходит, это значит
Ты хочешь, чтоб я жил, как ты хотишь?
Могу, но не буду!
Могу, но не стану!
Уж лучше под забором я пускай подохну спьяну.
Живу я по запросам своей большой души,
И ты мне перед носом ребёнком не маши!»

ПАМЯТИ ВЫСОЦКОГО

«Мне есть, что спеть, представ перед Всевышним,
Мне есть, чем оправдаться перед ним...»

В. Высоцкий

Удалой, пропитой и прокуренный,
Потрясающий голос его...
Как гулял, щеголял, бедокурил он!
Но печалился больше всего.

Так печалился, вскрикивал, маялся,
Проклинал и прощенья просил.
Но ни разу он так не отчаялся,
Чтоб надеяться не было сил.

Обложили, флажков понавешали,
Вьют верёвочку в плеть и в петлю.
Ах, кривые, нелёгкие, лешие,
Всё равно я куплет допою!

Мои кони то пляшут, то хмурятся, —
Всё не так! Всё не то!
И поёт, аж, бывало, зажмурится,
Чтобы доверху,
Чтобы донельзя,
Чтобы до...

Эх, раз, ещё бы раз,
Ещё бы много-много раз!..
Он поёт перед Всевышним —
Ему, братцы, не до нас.

ШЕСТВИЕ
(к 70-летию Булата)

Смотри, какое шествие по Старому Арбату:
Бумажные солдатики, гусары, егеря́.
И саблями и шпагами из чистого булату
Булату салютуют, гордо мимо проходя.

Они его приветствуют в восторженном порыве,
И песня его славная вскипает как волна.
Играйте, мол, маэстро на своей бессмертной лире,
Причём не отнимая ладони ото лба.

А он себе стоит, такой красивый, красивый.
И смотрит со вниманием, и песен не поёт.
Он смотрит со вниманием и как бы слабым манием
Грехи нам отпускает и надежду подаёт...

ИСПОВЕДАЛЬНЫЙ РОМАНС

Подражая А. Вертинскому

Я — старый дедушка, со мной скучают внуки.
Я не могу играть ни в штандр, ни в лапту.
Пока я мяч беру в трясущиеся руки,
То от меня уже все внуки — за версту.

Я — старый дедушка, я рос при патефоне,
Я знал Вертинского, любил у них бывать.
Ни на айпаде и ни на айфоне
Я не умею монстров убивать.

Я — старый дедушка, живу в полубреду я,
Глотая горькие пилюли и драже.
И если спросите: «Который час, дедуля?»
В ответ услышите: «Спасибо, я уже».

Я — старый дедушка, я не смеюсь — я щерюсь,
И дёсен розовых при этом не таю.
Но, вставив к празднику свою вставную челюсть,
В любое зеркало бестрепетно смотрю!

19 ОКТЯБРЯ

«Тогда, душой беспечные невежды,
Мы жили все и легче, и смелей...»
А.С. Пушкин

На пороге наших дней
Неизбежно мы встречаем,
Узнаем и обнимаем
Наших истинных друзей.

Здравствуй, время гордых планов,
Пылких клятв и долгих встреч!
Свято дружеское пламя,
Да не просто уберечь.

Всё бы жить, как в оны дни —
Всё бы жить легко и смело,
Не высчитывать предела
Для бесстрашья и любви,

И, подобно лицеистам,
Собираться у огня
В октябре багрянолистном
Девятнадцатого дня.

Но судьба своё возьмёт,
По-ямщицки лихо свистнет,
Всё по-своему расчислит —
Не узнаешь наперёд.

Грянет бешеная вьюга,
Захохочет серый мрак,
И спасти захочешь друга,
Да не выдумаешь как.

На дорогах наших дней,
В перепутьях общежитий,
Ты — наш друг, ты — наш учитель,
Славный пушкинский лицей.

Под твоей бессмертной сенью
Научиться бы вполне
Безоглядному веселью,
Бескорыстному доверью,
Вольнодумной глубине.

ДО СВИДАНЬЯ

До свиданья!
Пароходик мой гудёт,
В даль далекую зовёт
Морехода.
До свиданья!
Можно трогать помолясь,
И погода в самый раз
Для отхода.

На прощанье
Надо б водочки налить,
Да с колбаской учинить
Бутербродик,
Чтоб честь честью проводить
Пароходик.

Это чудо,
Как у вас я погостил,
Как ваш дом я навестил
Хлебосольный.
Я отсюда
Отправляюсь по волне,
Как полковник на коне,
Всем довольный.

Потому что,
Дорогие господа,
Я скажу вам, как всегда,
Простодушно:
Было грустно иногда,
Но не скучно.

До свиданья!
До свиданья, милый зал,
Где вела свой скромный бал
Моя лира.

До свиданья!
С вами славно было мне,
Только жаль, что время не-
умолимо.

Жизни тайна
В том, что свой всему черёд:
За свиданьем настаёт
Расставанье.
Пароходик мой гудёт:
ДО
      СВИ
         ДА
            НЬЯ!..

ПЕСНИ
ДЛЯ
КИНО

О, РИО, РИО
(т/ф «12 стульев»)

Молчите, молчите, прошу, не надо слов,
Поверьте бродяге и поэту:
На свете есть город моих счастливых снов,
Не говорите, что его нету.
Он знойный, он стройный, он жгучий брюнет,
Там солнце и музыка повсюду.
Там всё есть для счастья, меня там только нет,
И это значит, что я там буду.

Припев:
О, Рио, Рио, рокот прилива,
Шум прибоя, южный размах.
О, Рио, Рио, сколько порыва,
Сколько зноя в чёрных очах!
О, Рио, Рио, о, Рио, Рио,
О, Рио-де-Жанейро!
О, Рио, Рио, о, мама миа,
Потерпи, я прибуду на днях.

Не скрою, быть может, я слишком доверял
Рекламным картинкам из журналов.
Быть может, обманчив мой хрупкий идеал,
Но это свойство всех идеалов.
Кто верит в Аллаха, кто строит рай земной,
Пожалуйста, разве я мешаю.
Я верю в кружочек на карте мировой,
И вас с собою не приглашаю!

Припев.

БЕЛЕЕТ МОЙ ПАРУС
(т/ф «12 стульев»)

Нет, я не плачу и не рыдаю,
На все вопросы я открыто отвечаю:
Что наша жизнь? Игра! И кто ж тому виной,
Что я увлёкся этою игрой.

И перед кем же мне извиняться?
Мне уступают, я не в силах отказаться.
И разве мой талант, и мой душевный жар
Не заслужили скромный гонорар?

Припев:
Пусть бесится ветер жестокий
В тумане житейских морей.
Белеет мой парус, такой одинокий
На фоне стальных кораблей.

И согласитесь, какая прелесть:
Мгновенно в яблочко попасть, почти не целясь!
Орлиный взор, напор, изящный поворот —
И прямо в руки запретный плод.

О, наслажденье скользить по краю!
Замрите, ангелы, смотрите, я играю.
Моих грехов разбор оставьте до поры —
Вы оцените красоту игры!

Припев.

Я — не разбойник и не апостол,
И для меня, конечно, тоже всё не просто.
И очень может быть, что от забот моих,
Я поседею раньше остальных.

Но я не плачу и не рыдаю,
Хотя не знаю, где найду, где потеряю.
И очень может быть, что на свою беду
Я потеряю больше, чем найду.

Припев.

БАРОН ЖЕРМОН
(к/ф «Ярославна, королева Франции)

Барон Жермон поехал на войну.
Барон Жермон поехал на войну,
Его красавица жена
Осталась ждать, едва жива
От грусти и печали.
Одна в расцвете юных лет,
Одна с утра, одна в обед —
Она могла бы подурнеть
И даже просто помереть,
Но ей не дали —
Маркиз Парис, виконт Леонт,
Сэр Джон, британский пэр,
И конюх Пьер.

Барон Жермон поехал на войну.
Барон Жермон поехал на войну,
И там он славно воевал
И даже на ночь не снимал
Доспехи боевые.
Зато жена его как раз
Вела бои в полночный час,
И так был страшен каждый бой,
Что на рассвете шли домой
Едва живые —
Маркиз Парис, виконт Леонт,
Сэр Джон, британский пэр,
И конюх Пьер.

Барон Жермон поехал на войну.
Барон Жермон поехал на войну,
И там, среди мечей и стрел,
Остался он и жив, и цел,
Хотя бывало туго.
Его красавица жена
Не знала отдыха и сна,
Пока последнего бойца
Не истощила до конца.
И вот лежат в земле сырой
Друг возле друга —
Маркиз Парис, виконт Леонт,
Сэр Джон, британский пэр,
И конюх Пьер.

Барон Жермон поехал на войну.
Барон Жермон поехал на войну,
Но вот вернулся старина,
И перед ним его жена
Одна лежит в простели.
А рядом с ней, едва дыша,
Стоят четыре малыша.
Барон подумал и сказал,
И он сказал: «Привет, друзья!
О, как же вы тут без меня помолодели —
Маркиз Парис, виконт Леонт,
Сэр Джон, британский пэр,
И ты, мон шер!»

КУДА ТЫ СКАЧЕШЬ, МАЛЬЧИК?
(т/ф «Короли и капуста»)

Юрию Ряшенцеву

Куда ты скачешь, мальчик,
Кой чёрт тебя несёт?
И мерин твой хромает,
И ты уже не тот.

— Да что за беда, да что за беда,
Да что за беда, ей-Богу!
Поеду понемногу,
Авось да повезёт!

Чего ты ищешь, мальчик?
Каких таких забав?
Цветочки все увяли,
А травку съел жираф.

— Да что за беда, да что за беда,
Да что за беда, ей-Богу!
Поеду понемногу,
Хотя во всём ты прав, а я не прав!

Куда ты скачешь, мальчик?
Темно уже в лесу.
Там ходят носороги
С рогами на носу.

— Да что за беда, да что за беда,
Да что за беда, ей-Богу!
Поеду понемногу,
Хоть кости протрясу!

Куда ты скачешь, мальчик?
Куда ты держишь путь?
Всю жизнь ты то и дело
Скакал, а толку чуть!

— Да что за беда, да что за беда,
Да что за беда, ей-богу!
Поеду понемногу.
Куда? Куда-нибудь!

БАЛЛАДА О КОРОЛЕ-ВЕГЕТАРИАНЦЕ
(т/ф «Короли и капуста»)

Говорит король сурово:
«Не давайте мне жаркого,
Не давайте даже рыбу фиш.
Я ничьей не жажду крови,
Я добра хочу корове,
Я хочу одной моркови лишь.

Желаю есть один салат,
Капусту и шпинат,
Причём не на престоле, а на стуле.
Желаю рыбку в глубине,
Желаю птичку в вышине,
И чтобы зайчики в лесу, а не в кастрюле».

И король, надевши туфли,
Целый день ходил по кухне,
Вместо сабли с вилкой на боку.
Ни капусты, ни шпината —
Только зайцы и цыплята,
И олени в собственном соку.

А он желает есть салат,
Капусту и шпинат,
Причём не на престоле, а на стуле.
И чтобы рыбка в глубине,
И чтобы птичка в вышине,
И чтобы зайчики в лесу, а не в кастрюле.

Караул! Скорей на помощь!
Королю потребен овощ:
Пастернак, турнепс или редис.
Он худеет, он хиреет,
А вокруг никто не верит,
Что всё это вовсе не каприз.

Что он желает есть салат,
Капусту и шпинат!
Причём не на престоле, а на стуле!
Желает рыбку в глубине!
Желает птичку в вышине!
И чтобы зайчики в лесу, а не в кастрюле!

День и ночь в тупом испуге
У одра толкутся слуги:
«Боже мой! Кончается король!»
«Может, примет он лангусту
За брюссельскую капусту?
А фазаньи яйца за фасоль?..»

А в прихожей королевской
Три лакея с рожей мерзкой
День и ночь хрустели напролёт
И капустой, и редиской,
Почитая слишком низкой
Эту пищу для своих господ.

А он хотел поесть салат...
Капусту и шпинат...
Причём не на престоле, а на стуле...
И чтобы рыбка в глубине...
И чтобы птичка в вышине...
И чтобы зайчики в лесу, а не в кастрюле...

ГУСАРСКИЙ МАРШ
(т/ф «Сватовство гусара»)

На солнце оружие блещет,
Во взорах огонь и порыв!
И женское сердце дрожит и трепещет,
Заслышав знакомый мотив.

Припев:
Сколько было, братцы,
Сколько ещё будет!
Господа гусары, вперёд!
Друг не выдаст!
Бог не осудит!
Добрый конь не подведёт!

Красотки младые навстречу
Бегут, обо всём позабыв.
Сдаются без бою! Но чу! Что такое?
Раздался знакомый мотив.

Припев.

Прощайте, красотки младые,
Вы слышите, трубы зовут!
Дворянки и прачки, прощайте, не плачьте,
За нами драгуны придут!

Припев.

ГУСАРСКИЙ РОМАНС
(т/ф «Сватовство гусара»)

Отогнув уголок занавески,
Смотрят барышни в каждом окне,
Как в расшитом седле и черкеске
Я гарцую на резвом коне.

Конь горячий игрив, но послушен,
И гордится своим седоком.
Отчего же седок равнодушен
К нежным взорам за каждым окном?

Словно Байрон, рукой подбоченясь,
Как Печорин, кручу я свой ус.
Неподвижная нижняя челюсть
Говорит об отсутствии чувств.

Кто на женщин взирает бесстрастно,
Тот готовит для них западню.
Так что всё это, в сущности, — маска,
И не верьте ни мне, ни коню.

ГУСАРСКИЙ ТОСТ
(т/ф «Сватовство гусара»)

Смерть, огонь и гром, бури и удары —
Все прошли гусары на коне верхом!
И любой корнет знает непременно,
Что на свете несомненно ценно, а что нет.

Картечь ложится ближе, ближе,
И нам давно пора удрать...
Но честь! Она всего превыше!
Умри, гусар, но чести не утрать!

Тройка, семерка, туз, пиковая краля —
Вывози, кривая! Ах, какой конфуз...
Дело моё — табак: деньги и пожитки,
Всё до последней самой нитки пущено ва-
банк!

Беги, исчезни тише мыши
В Тамбов, где ждёт старушка-мать.
Но честь! Она всего превыше!
Умри, гусар, но чести не утрать!

Ножки, глазки, бюст, мраморные плечи,
Пламенные речи и слиянье уст...
Но проходит срок, жар любовный тухнет,
А зато животик пухнет, как немой упрёк.

Соври, что есть семья в Париже,
Что ты — кошмарный муж и зять...
Но честь — она всего превыше,
Умри, гусар, но чести не утрать!

В наш прекрасный век все так деловиты,
Счёты и кредиты заворожили всех.
Черни и толпе дьявол душу застит,
Но на счастье иль несчастье — мы верны себе!

Пускай подлец из грязи в князи вышел,
Пускай глупца ласкают двор и знать.
Но честь! Она всего превыше!
Умри, гусар, но чести не утрать!

ДЕНЕЖКИ
(т/ф «Сватовство гусара»)

Мне внушал папаша с детства, не жалея отчих сил:
«Деньги — всё: и цель, и средства.
                                     Помни это, сукин сын!»
И родному человеку я поверил, гран мерси,
И папашу под опеку взял я, Бог его спаси…

    Припев:
Ох, вы деньги, деньги, деньги, рублики,
Франки, фунты-стерлинги да тугрики.
 Ох, день-день-деньжата — деньги, денежки,
Слаще пряника, милее девушки.
Все ищут ответа — загадка жизни в чём?
А мне плевать на это, я знаю что почём!

Я женился на приданом, я погрелся у казны,
Ничего не делал даром, сам себе чинил штаны.
Воровать себе дороже, всё же я — не идиот.
Ну, а брать — помилуй Боже:
Кто же нынче не берёт?

    Припев:
Ох, вы деньги, деньги, деньги, рублики,
Франки, фунты-стерлинги да тугрики.
Ох, день-день-деньжата — деньги, денежки,
Слаще пряника, милее девушки.
Все ищут ответа — быть или не быть?
Плевал я на Гамлета, раз не умеет жить!

Кто-бы знал мои мученья,
         кто хоть раз бы подглядел,
Сколько я в воображеньи вин шампанских усидел,
Сколько щеголей обидел по лицу и по спине,
Сколько женщин перевидел
         ночью тёмною во сне...

Припев:
Ох, вы деньги, деньги, деньги, рублики,
Франки, фунты-стерлинги да тугрики.
Ох, день-день-деньжата — деньги, денежки
Слаще пряника, милее девушки.
Все ищут ответа — где главный идеал?
Пока ответа нету — копите капитал!

ВЕСТЕРН
(к/ф «Человек с бульвара Капуцинов»)

Как следует смажь оба «кольта»,
«Винчестер» как следует смажь,
И трогай в дорогу, поскольку
Пришла тебе в голову блажь.
Поехали, ладно, чего там!
А там, хоть верхом, хоть пешком,
Клянусь вам кровавым койотом—
Мы всё же к чему-то придем!

Припев:
Что будет, то будет —
Была не была!
Что будет, то будет —
Такие дела.

По первому взгляду и виду
Нетрудная, кажется, вещь —
Роскошную эту равнину
Верхом не спеша пересечь.
Но нам, к сожаленью, известно,
Как ястребы рвутся с цепи,
Как до смерти может быть тесно
И в самой бескрайней степи!

Припев.

Механик, крути киноленту,
Дежурные лампы туши!
Вноси свою светлую лепту
В суровые будни души!
Свети нам лучом из окошка
И сам вместе с нами поверь,
Что эту равнину возможно
Проехать почти без потерь!..

Припев.

ХОРОШЕЕ НАСТРОЕНИЕ
(к/ф «Похождения зубного врача»)

Ой, как хорошо — хоть песню пой,
Тра-ля-ля-ля-ля-ля-ля!
Ах, до чего ж я весел, до чего мил,
До чего ж я мил и до чего весел.
А причины нету никакой,
Тра-ля-ля-ля-ля-ля-ля!
Говорят, что мир без песен пресен.

Припев:
Не грусти, друг мой милый,
Спой со мной лучше, спой!
Не грусти, что ты, что ты,
Позабудь про заботы,
Спой — и всё пройдёт, ты только спой!

Мне весь день одно твердит жена —
Тра-ля-ля-ля-ля-ля-ля! —
«Ах, почему ты весел, почему мил?
Почему ты мил и почему весел?»
Мне весь день мешает петь она —
Тра-ля-ля-ля-ля-ля-ля! —
«Неужели мир без песен пресен?»

Припев:
Не труби, друг мой милый,
Спой со мной лучше, спой!
Не труби, что ты, что ты,
Позабудь про заботы,
Спой — и всё пройдёт, ты только спой.

Все поют — осел поёт, петух.
Тра-ля-ля-ля-ля-ля-ля-ля!
Говорят, без песен пресен мир,
Говорят, что мир без песен пресен.
Ну, а я один пою за двух.
Тра-ля-ля-ля-ля-ля-ля-ля!
До чего ж я весел, до чего мил!

Припев:
Не грусти, друг мой милый,
Спой со мной лучше, спой!
Не грусти, что ты, что ты,
Позабудь про заботы,
Спой — и всё пройдёт, ты только спой.

Спой, и даже если нету
Ни таланту, ни фальцету,
И, пока не разберутся,
Все соседи разбегутся,
И лишь мартовские кошки
Будут слушать на окошке,
Всё равно, как можешь, так и пой!

АВТОДОРОЖНАЯ
(к/ф «Похождения зубного врача»)

Пусть без обеда оставит нас мама,
Пусть на экран выйдет новое кино,
Пускай «Торпедо», пускай «Динамо»,
Какое «Динамо» — нам всё равно!

Припев:
Улетай, улетай в путь-дорогу!
Ничего, что овраг на твоём пути:
У автомобиля есть мотор и крылья —
Лети!

Четыре канавы, тридцать три ямы,
Сорок восемь тыщ передавленных собак.
Надо направо, а мы летим прямо,
А мы летим прямо, а там — буерак!

Припев.

Если ты весел и если не весел,
Если с грустью глядишь ты в окно,
Если тебе не сидится на месте,
Тебе надо тогда только одно:

Припев.

ПРИСНИЛСЯ МНЕ СОН
(т/ф «Дом, который построил Свифт»)

Приснился мне весёлый сон,
Не помню я о чём.
Я только помню, что во сне
Гуляли мы вдвоём.
И рассмеялась я во сне,
И так досадно было мне
Проснуться на заре!

Приснился мне печальный сон
Среди полночной тьмы.
Я только помню, что во сне
Навек расстались мы.
И я заплакала во сне,
И очень страшно было мне
Проснутся на заре...

Но всё равно страшней всего
Когда не снится ничего!

КАК ЛАСТОЧКА В БЕЗДНЕ ЛАЗУРНОЙ
(т/ф «Красавец-мужчина»)

Как ласточка в бездне лазурной
Летает, не чуя орла,
Так женщина в страсти безумной
Не чует коварства и зла.

Ах, женщина, бедная птица!
Спеши от жестоких когтей!
Любовью легко обольститься,
Но трудно очнуться от ней!

Но в час рокового прозренья,
Когда неизбежен разрыв,
Шепчу я, забыв о презренье:
«О Господи, как он красив!»

Хотя это, может быть, странно,
Но даже и в час роковой
Сладка нанесённая рана
Коварной, но милой рукой!

Я не прощаю обиду,
Кто причинит её мне…
Мужчина — ангел с виду,
Мужчина — демон в глубине!

НЕ ПОКИДАЙ МЕНЯ, ВЕСНА
(к/ф «Красавец-мужчина»)

Не покидай меня, весна!
Грозой и холодом минутным
Меня напрасно не дразни!
Не покидай меня, весна,
Сияй мне ярче с каждым утром!
Продлитесь вы, златые дни...

Продлись, продлись, мой дивный сон!
Тебя послало провиденье,
Тебя так долго я ждала.
Ты так прекрасен, милый сон,
Что я не верю в пробужденье,
И лишь тобой душа жива!

Не покидай меня, весна,
Когда так радостно и нежно
Поют ручьи и соловьи!
Не покидай меня, весна!
Не оставляй меня, надежда
На чудо счастья и любви!

МОНОЛОГ ВОЛШЕБНИКА
(т/ф «Обыкновенное чудо»)

Приходит день, приходит час,
Приходит миг, приходит срок —
И рвётся связь.
Кипит гранит, пылает лёд,
И лёгкий пух сбивает с ног —
Что за напасть?
Вдруг зацветает трын-трава,
Вдруг соловьём поёт сова,
И даже тоненькую нить
Не в состоянье разрубить
Стальной клинок!

Приходит срок — и вместе с ним
Приходят страх, озноб и жар,
Восторг и власть.
Азарт и нежность, гнев и боль —
В один костёр, в один пожар —
Что за напасть?!
Из миража, из ничего,
Из сумасбродства моего —
Вдруг возникает чей-то лик
И обретает цвет и звук,
И плоть, и страсть!

Нелепо, смешно, безрассудно, безумно —
Волшебно!..

ПЕСНЯ МИНИСТРА-АДМИНИСТРАТОРА
(т/ф «Обыкновенное чудо»)

Хорошо, когда женщина есть:
Леди, дама, сеньора, фемина.
А для женщины главное — честь,
Когда есть у ней рядом мужчина.
Так повсюду, тем более здесь,
Где природа дика и невинна...

Припев:
А бабочка крылышками бяк-бяк-бяк-бяк.
А за ней воробушек прыг-прыг-прыг-прыг.
Он её голубушку шмяк-шмяк-шмяк-шмяк,
Ам-ням-ням-ням, да и шмыг-шмыг-шмыг-шмыг!

Вы — мой ангел, вы — мой идеал,
Моя звездочка, ягодка, рыбка.
Зубки — жемчуг, а губки — коралл,
Хороши также грудь и улыбка.
Я таких никогда не встречал,
Пусть исправится эта ошибка.

Припев.

ДАВАЙТЕ ПРОСТИМСЯ
(т/ф «Обыкновенное чудо»)

Давайте негромко, давайте вполголоса,
Давайте простимся светло.
Неделя, другая — и мы успокоимся:
Что было, то было. Прошло.
Конечно, ужасно, нелепо, бессмысленно!
Ах, как бы начало вернуть!
Начало вернуть невозможно, немыслимо,
И даже не думай, забудь.

Займёмся обедом, займёмся нарядами,
Заполним заботами быт.
Так легче, не так ли? Так проще, не правда ли?
Не правда ли, меньше болит?
Не будем хитрить, и судьбу заговаривать —
Ей-богу, не стоит труда.
Да-да, господа, не «авось», не «когда-нибудь»,
А больше уже никогда.

Ах, как это мило,
Очень хорошо.
Плыло, и уплыло,
Было и прошло...

ЭМИЛЬ И ЭМИЛИЯ
(т/ф «Обыкновенное чудо»)

— Ах, сударыня, вы, верно, согласитесь,
Что погода хороша, как никогда?
— Вот что, сударь, я скажу,
        я и правда нахожу,
Что погода не такая, как всегда.

— Ах, сударыня, скажите, почему же
Этот вечер удивительный такой?
— Право, сударь, может быть,
Это сложно объяснить,
Но, наверно, потому, что вы со мной.

— Ах, сударыня, когда мы с вами вместе,
Все цветочки расцветают на лугу!
— Я скажу вам, сударь мой:
Мне бы надо бы домой,
Но цветочки я обидеть не могу.

— Как приятно и забавно,
Что я очень нравлюсь вам!
— Ну а вы мне — и подавно!
Вот и славно. Трам-пам-пам.

ПЕСНЯ СГАНАРЕЛЯ
(т/ф «Лекарь поневоле»)

Эх, бутылка, моя ты бутылочка —
Как люблю я тебя, моя милочка!
Дай, слегка придушу твоё горлышко,
Да и всю осушу аж до донышка.

А на кой мне пустая порожняя,
Когда рядом другая — похожая?
А когда и её всю до донышка,
Там и третья выходит на солнышко!

Эх, да кабы вот так же да с бабами,
Ничего и вообще бы не надо бы!

Я НА ЛОДОЧКЕ ПЛЫВУ
(к/ф «Гонщики»)

Я на лодочке плыву
По реке широкой,
На далёком берегу
Домик одинокий.
Словно дальняя звезда,
В нём окошко светит.
Кто устанет, пусть туда
Отдохнуть заедет.

Огонёчек дорогой,
Далеко ты светишь.
Без тебя во тьме ночной
Берег не заметишь.
А я дальше поплыву
И назад не гляну:
Как-нибудь тебя найду,
Когда плыть устану...

ФАНТАСТИКА-РОМАНТИКА
(к/ф «Улица Ньютона, дом 1»)

Негаданно-нечаянно
Пришла пора дороги дальней.
Давай, дружок, отчаливай,
Канат отвязывай причальный!
    Гудит норд-ост,
    Не видно звёзд,
    Угрюмы небеса, —
    И всё ж, друзья, не поминайте лихом,
    Подымаю паруса!

Фантастика-романтика,
Наверно, в этом виновата.
Антарктика, Атлантика
Зовут, зовут ребят куда-то.
    Гудит норд-ост,
    Не видно звёзд,
    Угрюмы небеса, —
    И всё ж, друзья, не поминайте лихом,
    Подымаю паруса!

Подумай, друг, а может быть,
Не надо в море торопиться:
На берегу спокойней жить.
Чего на месте не сидится?
    Смотри, какой
    Гудит прибой,
    Угрюмы небеса...
    И всё ж, друзья, не поминайте лихом —
    Подымаю паруса!

БЕДНЫЙ ТОММИ
(к/ф «Остров сокровищ»)

— Ах, бедный мой Томми,
Бедный мой Том!
О-хэй!
Зачем ты оставил
Свой старенький дом?
О-хэй!
— Под парусом чёрным
Пошли мы в набег,
Все семьдесят пять человек.

— Прощай, Дженни, прощай, не грусти!
Меня ты, Дженни, не жди!

— Ах, бедный мой Томми,
Бедный мой Том!
О-хэй!
Твой парус оборван,
В трюме — пролом!
О-хэй!
Твой парус оборван,
Корабль затонул.
Твой ветер удачи
Тебя обманул!

— Прощай, Дженни, прощай, не грусти!
Меня ты, Дженни, не жди!

— По ком это Дженни
Плачет, по ком?
— По мне, по мне...
—А, где же ты, Томми, бедный мой Томми?
— На дне, на дне.

Все семьдесят пять не вернулись домой —
Они потонули в пучине морской.

ТЕАТРА-
ЛЬНОЕ
ФОЙЕ

АКТРИСЫ И СТАРЫЙ ГРАФ

АКТРИСЫ
Вот наша жизнь, судьба, фортуна!
Легко понять, нельзя простить,
Что одарённая натура
Должна внимания просить!
Смотреть на пакостную рожу
И слушать пошлые слова,
И уповать на милость Божью,
Целуя старого осла!

ГРАФ
Бонжур, бонжур, мои плутовки!

АКТРИСЫ
Ах, милый граф! Бонжур! Бонжур!

ГРАФ
На вас прелестные обновки,
Но всё прикрыто чересчур.

АКТРИСЫ
Ах, милый граф, всё в вашей воле!

ГРАФ
Да чем же лучше я портних?

АКТРИСЫ
Пусть нам дадут в театре роли,
Чтоб мы могли раскрыться в них!

ГРАФ
И значит, если мы устроим
Для вас хороший бенефис...

АКТРИСЫ
То всё, что скрыто, мы откроем
И даже выступим на бис!

ГРАФ *(апарт)*
А сколько было юных, милых
Без бенефисов...по любви...
(АКТРИСАМ)
Поверьте — всё, что в моих силах!...
Да только силы где мои...

ВОЛШЕБНАЯ СИЛА ИСКУССТВА

*История, приключившаяся с комедиографом
Капнистом в царствование Павла I и
пересказанная мне Натаном Эйдельманом*

Капнист пиесу накропал, громадного размеру.
И вот он спит, в то время как царь-батюшка не спит:
Он ночь-полночь пришёл в театр
     и требует премьеру.
Не знаем, кто его толкнул. История молчит.

Партер и ложи — пусто всё, ни блеску, ни кипенья.
Актёры молятся тайком, вслух роли говоря.
Там, где-то в смутной глубине, маячит жуткой тенью
Курносый царь. И с ним ещё, кажись, фельдъегеря.

Вот отмахали первый акт. Всё тихо, как в могиле.
Но тянет, тянет холодком оттуда (тьфу-тьфу-тьфу!)
«Играть второй!» — пришёл приказ,
     и с Богом приступили,
В то время как фельдъегерь:
     «Есть!» — и кинулся во тьму.

Василь Васильевич Капнист* метался на перине.
Опять всё тот же страшный сон,
     что был уже в четверг:
Де, он восходит на Олимп, но, подошед к вершине,
Василь Кирилыч** цоп его за ногу — и низверг.

За ногу тряс его меж тем фельдъегерь
     с предписаньем:
«Изъять немедля и в чём есть отправить за Урал,
И впредь и думать не посметь
     предерзостным мараньем
Бумагу нашу изводить, дабы хулы не клал».

И не успел двух раз моргнуть наш,
     прямо скажем, Вася,
Как был в овчину облачён и в сани водворён.
Трясли ухабы, тряс мороз, а сам-то как он трясся,
В то время как уж третий акт давали пред царем.

Бледнел курносый*** иль краснел — впотьмах
     не видно было.
Фельдъегерь: «Есть!» — и на коня,
     и у Торжка нагнал:
«Дабы сугубо наказать презренного зоила,
В железо руки заковать, дабы хулы не клал!»

«Но я не клал! — вскричал Капнист,
     точа скупые слезы —
Я ж только выставил порок по правилам искусств!
Но я его и обличил! За что ж меня в железы?
И в пятом акте истоптал, — за что ж
     меня в Иркутск?!»

Меж тем кузнец его ковал с похмелья непроворно.
А тут ещё один гонец летит во весь опор...
Василь Васильевич Капнист взглянул,
     вздохнул покорно,
И рухнул русский Ювенал у позлащённых шпор!

...Текли часы. Очнулся он, задумчивый и вялый.
Маленько веки разлепил и посмотрел в просвет:
«Что, братец, там за городок?
     Уже Иркутск, пожалуй?»
«Пожалуй, барин, Петербург» — последовал ответ.

«Как...Петербург?!» — шепнул Капнист,
     лишаясь дара смысла.
«Вас, барин, велено вернуть до вашего двора.
А от морозу и вобче — медвежий полог прислан,
И велено просить и впредь не покладать пера».

Да! Испарился царский гнев уже в четвёртом акте,
Где змей порока пойман был и не сумел уползть.
«Сие мерзавцу поделом!» — царь молвил,
                                            и в антракте
Послал гонца вернуть творца, обёрнутого в полсть.

Всё ближе, ближе Петербург, и вот уже застава.
И в пятом акте царь вскричал: «Василий! Молодец!»
И на заставе ждёт уже дворцовая подстава,
И только прах из-под копыт — и махом во дворец.

Василь Васильевич на паркет в чём был
                                            из полсти выпал.
И тут ему и водки штоф, и пряник закусить.
«У, негодяй, — промолвил царь и золотом осыпал —
Пошто заставил ты меня столь много пережить?»

Вот как было в прежни годы,
Когда не было свободы!

* *Василий Васильевич Капнист — комедиограф XVIII века.*
* * *Василий Кириллыч Тредиаковский — поэт XVIII века.*
*** *Курносый царь — императора Павел I.*

КОЧУЮЩИЙ ТЕАТР

Кто-то жнёт, а кто-то сеет,
Каждый делает своё.
Ну, а что артист умеет?
А артист умеет всё!
Он бродяга и работник,
И страдалец, и герой,
Он и храбрый, как разбойник,
И великий, как король.

Кто в горячке, кто в простуде,
Кто-то что-то съел не то,
Сколько раз хворают люди,
А артисты — ни за что.
Если ж тело ослабеет
И судьбы не одолеть,
То артист всегда сумеет
Напоследок песню спеть:

«Мы — железные солдаты
Славной армии искусства!
Перед нами всё равно —
Что столица, что село.
Мы уверены в успехе
И, надев свои доспехи,
Попадаем прямо в сердце,
Если есть у вас оно!»

КУПЛЕТЫ КОМИЧЕСКОЙ СТАРУХИ

Приятно быть актрисой,
Клянусь Святою Девой!
Вчера была маркизой,
Сегодня королевой,
А завтра целый вечер
Венерой буду я:
Пройдусь в одной рубашке —
И публика моя!

Мои уста пылают,
Ланиты пламенеют,
А там, налево в ложе,
Седой вельможа млеет.
И он к финалу спятит,
Богач и сукин сын,
И всё на то потратит,
На что не хватит сил!

Я так жила на сцене!
Я так играла в жизни!
Из-за меня ночами
Графини локти грызли!
О тёмные кулисы!
О, Господи прости!...
Приятно быть актрисой
Годов до двадцати...

МОНОЛОГ АКТЁРА

Я брожу по дорогам на старости лет,
У меня никакого пристанища нет,
Ни угла, ни тепла, ни кола, ни двора.
В кошельке моём — ветер, в кармане — дыра,
И забыли меня и друзья, и родня...
Но не это, не это печалит меня.

Я спрашиваю вас: где молодость моя,
Когда всё впереди и бури не страшны?
Как много было лет в запасе у меня!
Когда они прошли?... Куда они ушли?...

Я труда не боюсь, мне неведом покой,
Достаётся мне хлеб недешёвой ценой.
И я знаю: дороже дворцов и палат
Моя честь и душа, мой единственный клад!
Пусть толпа меня гонит, смеясь и браня,
Нет, не это, не это печалит меня...

Я спрашиваю вас: зачем звезда небес
Манит нас в этот мир, где бедам нет числа?
И ты идёшь, идёшь, покуда наконец
Поймёшь, как надо жить... А жизнь уже прошла!

ПЕСЕНКА БРОДЯЧИХ АРТИСТОВ

А ну, дружок, давай пойдём,
Пойдём, а там посмотрим.
А ну, дружок, давай споём,
Споём, а там посмотрим.
А может быть, за тем холмом,
За тем углом, за тем мостом
Нас ждёт неслыханный приём?
Давай пойдём, посмотрим.

И мы придём, и мы споём
(А впрочем, там посмотрим),
И кучу денег соберём
(А впрочем, там посмотрим)...
Хотя бы несколько монет,
Хотя бы только на обед,
Хотя бы только на ночлег,
А впрочем, там посмотрим!

Но если даже нас метлой
Прогонят от порога,
То всё равно у нас с тобой
Останется дорога.
И мы пойдём, авось, потом
Куда-нибудь да выйдем,
А там — неслыханный приём!
А впрочем, там увидим...

СТАРАЯ ТЕАТРАЛКА

И в детстве моём невозвратном,
И к старости, близкой уже,
Живу я одним лишь театром,
Когда я не в нём — он в душе.

Подруги считают, что, дескать,
У жизни моей слишком бедный сюжет.
Ну что ж, вы же знаете: страсть — это деспот,
А деспоты требуют жертв.

Звонки отзвучали,
Буфет вымирает.
Смеркается в зале —
На сцене светает.
Божественный Гете!
Бессмертный Шекспир!
По-моему, в этом —
Вся жизнь и весь мир.

И в детстве, и позже, подростком,
Как буря, рвалась я в театр —
Сыграть на священных подмостках
Хотя бы Марию Стюарт.

Ах, наши надежды на счастье!..
Про это вы знаете лучше меня:
Мечты исполняются — но лишь отчасти.
Отчасти сбылась и моя.

И вот я иду каждый вечер
В костюме, мой выход вот-вот:
Я первая зрителя встречу,
Такой мне оказан почёт!

Ещё до вступленья оркестра,
Ещё до звонков перед вами стою:
Пальто принимаю — и царственным жестом
В ответ номерки выдаю!

Звонки отзвенели,
Вот кто-то вбегает,
И он еле-еле
Вбежать успевает!
А там и Островский,
А там и Толстой!..
Меня Смоктуновский
Подвозит домой!
Или Миша Ульянов...
Или Толя Папанов...
Однажды Миронов!
Ах, нет! Лановой.

ТЕАТРАЛЬНЫЙ ЭПИЛОГ

Слава отважным героям!
Слава великим поэтам!
Слава бессмертным легендам!
Ура! Ура! Ура!

Подвиг души благородной
Пусть вам послужит примером,
Яркой звездой путеводной
Пусть вам послужит...
А нам пора!

Как только этот занавес дадут в последний раз,
Последний прозвучит аплодисмент,
Коня, копьё и щит сдадим мы в реквизит,
Сдадим — и, уходя, потушим свет.

И сняв долой парик седой и бороды отклеив,
Мы пустимся в обычные дела, дела, дела.
И нет, и не было героев и злодеев
И подвигов во имя добра и зла!..

А есть одиннадцать часов и выход из театра,
Есть дети и семья, и дом родной.
Есть летние гастроли, репетиция на завтра
И в пятницу — законный выходной.

Есть роли, гастроли, успех, чего же боле?
И, слава Богу, что никто из нас
В жизни не осмелится накинуться на мельницу,
Имея на голове дырявый таз!

— Только я, очарованный зритель,
Глубоко потрясённый до слез,
Брошу к чёрту родную обитель
И коня оседлаю всерьёз.

И поеду скакать и бороться
Против тёмных таинственных сил,
Ибо есть на земле благородство,
Я в себе его вдруг ощутил.

И в беде никого не покину,
И удары приму на себя,
И наверно, конечно, погибну,
А потом вы играйте меня!

— В добрый путь! Мы смеяться не станем.
А когда утомишься от ран,
Приходи. Мы ещё раз обманем!
Ты умеешь поверить в обман!

ХОР АКТЁРОВ

Брызнет сердце то ли кровью,
То ли тёртою морковью —
Ах, поверьте, всё равно:
Всё равно жестокой болью,
То ли гневом, то ль любовью
Наше сердце пронзено.

И слезами плачут куклы,
И огнём пылают буквы,
И взорвался барабан,
И пошла под гром оваций
Перемена декораций —
Здравствуй, новый балаган!

Превращенья и обманы,
Лиллипуты, великаны —
Кто придумал? Чья вина?
Вот опять линяет краска,
Вот опять спадает маска,
А под ней — ещё одна,
А под той — ещё одна...

Но сквозь годы и румяна,
Незаметно и упрямо,
Никогда не до конца —
То ли светлый, то ль печальный,
Проступает изначальный
Чистый замысел творца...

СТИХИ РАЗНЫХ ЛЕТ

АРХЕОЛОГИЧЕСКАЯ ПОЭМА

1.
В спортивных тапочках, в развесистых штанах
Научначальник Анна Иоанна
Над грудой черепков — как падишах
Над мудрыми страницами Корана.

Мы, светочем науки осиянные,
В очках от пыли хартий и веков,
Все полуголые, чудные как марсиане,
Копаем, не жалея чувяков.

По горсточке старинный прах и тлен
Мы здесь берём — и проступают камни.
Вновь древний ветер вьётся между стен,
Обрушенных вестготами и веками...

Научначальник наш — как микроскоп,
Который зорок, но и ограничен.
Сто тридцать слов: «находка», «штык», «раскоп»,
Ну и тэ-дэ. И мир ей безразличен.

А в мире — солнце льёт как из ведра
Жарищу на обугленные спины
И на поскрипывающие поясницы,
И весь Донец ослепительно искрится...
Жди вечером, ребята, комара.

2.
Ну, солнце одурело — вот печёт!
Сижу, дышу на свежей глине в яме.
Идёт Вадим, сияющий, в панаме.
Что скажет — знаю всё наперечёт:

«У Пети на квадрате — десять клейм,
И чашечка — и ручечка так сбоку,
И черепки от вазы — может, склеим?»
Так потчевал сосед Демьян соседа Фоку.

«Вот пообедаем — опять сюда приду.
Я думаю, что стоит сделать снимки,
А то ведь всё останется в ИИМКе.
А ты сегодня где?» - «В чужом саду!»

3.
Раскинулись казачьи хутора
По берегу Донца — без конца.
Охранные здесь ходят катера,
А рыбу всё же тащат из Донца.

Сады кишмя кишат возле хат.
Полнеют яблоки, набухли помидоры.
Барбосы гавкают. Дородные Федоры
Торгуют семенем, дерут со всех подряд.

Григорий Мелехов, не пеший и не конный,
Стрекочет на своём велосипеде,
Гутарит с бабою о лотерей-победе,
Три жёлтых фото прикнопил под иконой
И о делах прошедших баит сказки,
Как Шолохов и Шолохов-Синявский.

Три тыщи лет назад здесь жили греки.
На новой родине, богам снеся дары,
Ловили рыбку. В нынешние реки
Не вместятся такие осетры!

Какой-нибудь брадатый Ферапонт,
Рассолом рыбным разжигая жажду,
Пил косское вино и поднимал многажды
Родосский кратер за Евксинский Понт.

И что ни день здесь торг весёлый шёл:
Под белым зноем с неба голубого
Чинились из-за каждого обола,
Божились музами, лупили шапкой пол
И, охраняя мирную торговлю,
С мечами лазали на крепостную кровлю...

Пришёл, и дик, и неопрятен,
Вестгот, и всё пожёг, и дым
Отечества нам сладок и приятен...
И город стал, как говорит Вадим,
Не город, а научная святыня —
Следы времён, стремящих вечный бег...

А где ж потомки? Да вот хоть дядя Гриня:
Усы дремучие, носище словно дыня
Среди бугров и рытвин — чем не грек?

Вот вышел, отобедавши. В груди
Поёрзал пальцем. Вот сморкнулся зычно.
«Что, дядя Гринь?» — «Та до ветру дойти...»
Вот — до ветру дошёл. А что? Отлично!
Вот вам, историки, прямой потомок,
А не какой-то глиняный обломок!

4.
Подходит Вовка: «Смотришь всё? Ну-ну...
Абреки, греки — скушно, брат, и грустно.
В Москву бы, чёрт, да порастряс мошну».
«Так водку пей!» — «Под яблоки? Невкусно.
Ну что, как декабристы: роем, роем...
Они хоть за идею — ну а мы?
Рупь заработаем, а проедаем втрое.
У Анны Ванны, что ли, взять взаймы?
Пойду куплю колун, займусь разбоем,
Убью трёх частников, пополнится казна, —
Что наша жизнь? Игра. Айда, забьём козла!»

5.
Идём грабить сад.
Кричать, горланить и петь — нельзя.
Чихать и кашлять — нельзя.
И если зачешется вдруг ноздря,
Пускай так и чешется зря.

Тихо. Тихо. Тихо.
Атака
Начаться должна вот-вот.
Луна, как большая злая собака,
Абсолютно нас выдаёт.

И вот мы ринулись — рвать и трясть,
Объедаясь кислятиной грязной.
Ах, до чего же приятно красть
Безнаказанно!

Вдруг Вовка зашипел: «Спасайся, братцы!» —
И ну бежать — чего ему взбрело?
Барбосы спят, казак читает святцы...
Ну, мы спасаться, раз на то пошло.

Потом мы Вовке сделали расстрел
Плодами кислыми — никто не целил мимо!
А все остатки отдали Вадиму,
А он дизентерией заболел.

ЧЕРВИВЫЙ ГРИБ

Червивый гриб, кому ты нужен,
Зачем ты мною обнаружен?
Зачем вообще ты рос и лез
Из кожи вон, позоря лес?

Жарища! Лень ногами двигать.
В глазах рябит, виски в тисках,
А надо радоваться, прыгать,
Тебя в овраге отыскав.

Теперь мы новый гриб отыщем
И вскроем — вдруг он нездоров?
Из-за тебя не веришь тыщам
Нормальных, в сущности, грибов.

Я ВЫТОЧЕН, РЕБЯТКИ, НА КАМЧАТКЕ

Я выточен, ребятки, на Камчатке.
Никак не завинчусь: срывается резьба.
И сам я — молоток, и гайка не слаба,
А всё-тки так и рвусь собрать манатки.

В вещах окрестных есть, конечно, вес,
Но центра тяжести ни в чём не ощущаю.
Иль я очки небрежно прочищаю?
Мне лесу не видать из-за древес.

Привет мой нашим печкам, камчадалы!
Среди Москвы мне наших печек жаль.
И всё по угольку сбираю жар,
И, плача от золы, всё дую в поддувало.

ПОСЛЕДНИЕ МОРОЗЫ

Последние морозы землю жгут,
И москвичи последний раз бегут
В учереждения, схватясь рукою за нос.
Но солнце лупит в камень и стекло,
И свежий свет его походит на тепло,
И скоро только я в зиме останусь.

Небритость чёрная деревьев городских
Растает в зелени, полезшей отовсюду.
Аж прошибут асфальт нахальные ростки —
И только я в своей зиме пребуду.

В друзьях уже теплеет летний хмель. Март.
Там, глядишь, апрель, и всё честь честью.
А я всё в декабре ли, в январе ль
Замёрз,
Лежу,
Стихи отстукивая челюстью.

УЖ НА РАЗБОЙ...

Уж на разбой
Из жути переулочной,
Ширяя фарами, рассыпались такси.
За буквой буква
Погасли буквы булочной.
Дочитывай журнал да свет гаси.

Последний пьяница последний раз отхаркнув,
Чужой порог под голову кладёт.
Ссутулились мосты.
Столпившись, спят трамваи в парках.
По бульварам деревья нахохлились.
Провода над городом пусты.
А сон нейдёт.

Ощупываю на стуле
Тёплое тельце сигареты.
Придерживая губами,
Поджигаю с того конца.
Встряхиваю спичку, как градусник,
И гаснет пятнышко света,
Осветившее на мгновение
Черты моего лица.

Если вытянуть руку кверху подобно антенне,
То оттуда, где кружится, плавает чья-то пластинка,
Непрерывно на кончики пальцев опускаться
начнёт паутинка —
Паутинка мелодии, снимаемой чьим-то смычком.

От машины ночной, развозящей пустынные шумы,
По стене проползает белая тень окна.
Далеко голосят поезда — от нас или к нам?
Одногорбый месяц,
Двугорбый верблюд,
Барханные Кара-Кумы...

Огонёк сигареты
С микроскопическим треском
Крадётся к губе.
Стихи наивысшего блеска —
Это стихи о себе.

СКВОЗЬ ВЕСЕННЮЮ РВАНЬ ОБЛАКОВ

Сквозь весеннюю рвань облаков прорвалась Луна.
Край моря заблестел, подрезав бледность ночи.
С лица небес слезает грязная пелена,
И заморгали звёзд заплаканные очи.

Море громоздится, смутное, слепое.
Дорожка Луны от ветра рябая,
Шипящий и влажный хлыст прибоя
Сшибает сосульки с прибрежных припаев.
Раз...
Два...
В кромешной дали
Подряд обозначились огоньки.
«Так-так... тут-тут» — донеслось до земли:
Это катер идёт с Караги.

А за ним, под Луной, с непрерывностью волн,
Омывающих берег и снова идущих
Из глубин океана, всё гуще и гуще
В еле-еле колеблемую сеть
Движется сельдь.

А в небе разбрызганы звёздные искры,
А прибой высыпается в лунной чешуе...
До чего ж беспечно смеются мотористы
В нарастающей тишине!
Слышишь, как тяжко дышит вода?
Чуешь многотонный ход?
Или это ветер гудит в провода
Ночь напролёт?..
И, может быть, Луна
Серебрит добродушно пустой океан?..
До путины — четыре минуты...
Три...
Две...
Одна.

ТЕЛЕФОН

«У меня зазвонил телефон..»
К.Чуковский. «Телефон»

Мясо в кастрюлю, и ставьте.
Капустки, капустки подрежьте.
Картошки добавьте,
Лучком приправьте,
Томатцу — для ароматцу.
Варите, берите и ешьте.

А когда телефон затрезвонит сдуру,
То, подобно великому Золя,
Привяжи себя мысленно к стулу.
Не вскакивай зря.

А вот и соседка подходит,
Дурацкую трубку берёт,
Дурацкую песню заводит
Дурацкой погоды насчёт.

А ты себе прихлёбывай, знай себе жри,
А когда ощутишь себя томно и грузно,
Минуты две-три посиди, обожди,
Как кровь оттечёт от мозга до гузна.

Телефон. Ну, теперь ерунда.
В коридор выплываю с развальцем
И, в зубу ковыряючи пальцем,
Запеваю лирически: «Да-а?»

А из трубки кричат: «Это контора?»
« — Да нет, — говорю, — это частная квартира».
« — Так когда же вы, жмоты, дадите нам фанеру?»
« — Да нет, — говорю, — это частная квартира,
Я бы и рад, да нет у меня фанеры,
Извините, — говорю, — но мне пора бай-бай».

Спи себе, махонький, забудь свои химеры.
Телефон же трезвонит пускай.

От живота, жратвою полного,
Ползёт по телу гнусный жар,
И на беспомощную голову
Наваливается кошмар.

Не обессудьте же, приятели:
Такая выпала юдоль.
И вы, небось, на водку тратились.
Чтоб задавить зубную боль.

Но водка может стать болезнью,
А к телефонной маете
Не во хмелю иди, а с резью,
С уютной резью в животе.

« — Да?
— Здравствуй.
— Не могу. Занят.
— Что?
— Да нет. Так, не выспался слегка.
— Завтра?
— Да, тоже.
Когда? А кто его знает.
Я такого не сказал.
— Как хочешь.
— Пока».

ЭЙ! ЧЁРТ ВОЗЬМИ

Эй! чёрт возьми — н-но! н-но, стишки мои!
Н-но, волчья сыть, травяной мешок, засранцы!
Аль не владели Русью самозванцы?
«Но мы никак не сыщем колеи...»

Ах, колею вам надобно! Так-так...
А ну, вперёд, без разговоров, сволочи!
Я жажду творчества, и аппетит мой волчий
Вам утолять. Плевать! Хоть кое-как!

Вам не впервой ковыряться по колдобинам!
Вам век не быть ничем таким особенным!

В. ЛУКИНУ

Уже у нас виски седые,
Уже моторчик барахлит.
«Сороковые, роковые» —
Как молвил некогда Давид.
И то, на что мы уповали,
И срок, назначенный для нас,
Все ожидаемые дали —
Имеют быть как раз сейчас.
Сейчас мы творчески итожим,
Где свет, где тень, где светотень,
И что хотим, насколько можем
Осуществляем каждый день,
Казалось бы...
       Наш мудрый опыт
Хорош, Володя, только тем,
Что дразнит вновь поставить опыт,
Сорваться в крик, замкнуться в шёпот
И снова спутать свет и тень.
С утра в телегу — и в дорогу,
И у порогу, сбившись с ног,
Вновь на ноги! И слава Богу!
И слава...
Нет:
И дай нам Бог!

ВЕСНА 94

Мой дорогой Булат! Не правда ли, прекрасно:
Клубятся облака, и гром ворчит вдали.
А в льющемся ручье безудержно и страстно
Бормочут голоса очнувшейся земли.

И медлит мудрый взор оглядывать порядок,
По коему весна опять творит своё.
А этот вкусный дым от греющихся грядок
Мне возвращает всё счастливое моё.

Не правда ли, Булат? Всё то же ожиданье,
Всё то же нетерпение в груди...
Мы говорим «Прощай!» — а мыслим: «До свиданья».
Нам говорят «Прощай! — мы слышим:
«Подожди!...»

ПОД ЗНОЙНЫМ СОЛНЦЕМ НОЯБРЯ

Под знойным солнцем ноября
На пляже Тель-Авива,
На море синее смотря,
Лежу неторопливо.
Как эти парусы скользят
Сияющею тенью!
Как нежным пурпуром сквозят
И огненной сиренью!
Виндсерфинг,
Веер цветовой,
Душе моей немолодой
Разглаживает складки.
Итак: ноябрь. Виндсерфинг. Зной.
Беседер. Всё в порядке.

ПОСРЕДИНЕ ЗЕМЛИ

Л.Л.

Посредине земли
Средиземное море.
В нём купаются двое
Посредине зимы.
Продлевая себе
Свои юные лета,
Как российское лето
В иудейской зиме.

Замечательно жить,
Когда вам восемнадцать,
А не ровно сто двадцать,
Если вместе сложить.
А плевать на сложенье,
Когда чист небосклон
И блаженно скольженье
Между ласковых волн.

ИГРА В АЭРОПЛАНЫ

1.
Что же делать, если нет
Даже в центре, в «Детском мире»,
Настоящих самолётов,
Например, ТУ-104?

Что же делать, если нет
Самолётных магазинов?
Не ходить же, рот разинув,
Не сидеть же просто так!

Человеку с давних пор
Очень крыльев не хватает:
Хоть со стула на ковёр,
Хоть во сне — но он летает!
От безделия и скуки
Не сидите сложа руки —
Окрыляйтесь как-нибудь!

Сделай сам корабль воздушный,
Одному тебе послушный:
Три мотора, три винта,
Три хвоста,
И взлетай на нём свободно,
И летай куда угодно —
Лишь бы лётная погода!
Красота!..

2.
Ну, вот и всё... Я прилетел,
И должен тихо и послушно
Играть, как можно и как нужно.
А я играл, как я хотел!

Прощай навек, мой самолёт!
Они хотят, чтоб я поверил,
Что вентилятор — не пропеллер,
А потолок — не небосвод.

Что если вверх — то на чердак,
Ну, в крайнем случае, на крышу,
Но я же знаю, я же вижу,
Что всё не так, совсем не так!

В полночный мрак моей каюты
Вплывают крылья, как во сне,
И намечаются во тьме
Невероятные маршруты!
И расцветают парашюты
На невозможной высоте!

3.
На легкокрылом
Аэроплане
Плыви под музыку винта.
В стране счастливых
Воспоминаний
Погода лётная всегда.

Бегут вагоны
Гурьбой весёлой,
Сверкает мой певучий винт,
И так красиво и невесомо
На шаре девочка стоит!

Проходят годы,
Уходит детство,
Но навсегда в душе твоей
Прошедший праздник
Оставит след свой, —
И ты хранить его умей.

КОНЦЕРТ НА НЕБЕСАХ

Концерт на небесах —
Ведь это невозможно
Представить и в мечтах:
Какой концерт, ребята,
Идёт на небесах!
Какие там гитары
Сегодня собрались!
А кто сидит в партере,
По-братски обнявшись!
Лексан Сергеич Пушкин
С Самойловым сидят,
И тот ему толкует,
Кто Галич, кто Булат.
Иосиф Алексаныч,
Без устали куря,
Кричит: «Эй, Клячкин! Женька!
Пой только не меня!»
Сергей же Алексаныч,
Наклюкавшись опять,
Все рвётся за кулисы —
Володю повидать:
— Проведите!
Проведите меня к нему!
Я хочу видеть этого человека!
А Юрий Осич Визбор
Спел «Милую мою»
И вышел просвежиться
У неба на краю

(Мартынова с Дантесом
Слегка пихнув плечом,
Которым вход на праздник
Навеки воспрещён).
Глядит на нас оттуда
Наш славный капитан
И говорит негромко:
« — Ребят! Ну? Где вы там?»
« — Мы скоро, Юрий Осич!
Потерпишь, не беда.
Там петь мы будем вечно.
А здесь ещё когда... »

ИЗ ЦИКЛА «ПИСЬМА К ИРИНЕ»

В ПУСТОЙ ПАЛАТЕ НА ПЯТЬ КОЕК...

В пустой палате на пять коек
Живу один, смиренный стоик.
Да, тень безжалостной косы
Мои погладила власы.

И всё, что есть, лишилось флёра
И прямо смотрится как есть:
Коряво, грубо, клёво, плёво
И нежно — дух не перевесть!

ЛЮБЛЮ, ЛЮБЛЮ, ЛЮБЛЮ

«Люблю, люблю, люблю, люблю,
Люблю, люблю» — дружок, не булькай.
А просто — вдоль по кораблю
Давай напишем: «Ирка с Юлькой».

Вот — чистый медицинский факт.
Давай рукой ему помашем,
И пусть когда-нибудь в веках
Так и замрёт надгробьем нашим.

НАПИШИ МНЕ РОМАНС...

Говоришь: «Напиши мне романс».
Как же я напишу тебе романс?
Если я тебе романс напишу —
Я ж немедленно его оглашу.

А ты будешь себе в кресле сидеть,
Про себя с наслаждением краснеть,
И на всех, кто придёт побалдеть,
Про себя торжествующе глядеть.

Нет уж, лучше, как лирический Шварц,
Погляжу я в свой магический кварц
И Принцессу, грубиянку и халду,
Со скептическим Медведем сведу.

Вот тогда ты слезешь с кресел, ма шер,
И всю публику прогонишь взашей,
И глаза свои, полные слёз,
В мои хилые коленки уткнёшь...

ПОДРАЖАНИЕ ДАВИДУ

А давайте-ка, дорогая хозяйка,
Наши слеги, телеги, оглобли
Соберём под навес и забудем,
И побудем в каком-нибудь Гренобле.

Потому что, сестры и братии,
Нам пожить бы хоть разик в жизни
Ни при Ленине,
Ни при демократии,
А при собственном эгоистицизме.

Ну-ка, бросим все наши должности,
Ну-ка, плюнем на долги и задолженности
И пойдёмте, взяв под руку подругу,
В гости к лесу, к реке и друг к другу.

ШЛЯПКУ НОВУЮ НАДЕНУ...

Шляпку новую надену —
Он и не заметит.
Расскажу про то, про это —
Слова не ответит.

Поднесу презент в коробке —
Он и не откроет.
Только ночью на подушку
Голову приклонит,

Приголубит, забормочет,
В губы поцелует,
И так нежно... Ну, не знаю,
Говорит, что любит.

И ОДНАЖДЫ ОНА СКАЗАЛА...

И однажды она ему сказала:
«А ты хочешь увидеть, какое
Для тебя я имею значенье?
Не духовно, а просто глазами?»
И пошла она в новом сарафане,
Повела его в чистое поле.
Усадила его на стожок,
Отступила от него на шажок
Да и стала расти помаленьку:
Сначала — с кудрявую берёзку,
Дальше больше — с плакучую иву,
А когда поднялась она выше
Трёхсотлетнего могучего кедра,
То всплыла она во всё небо
И всё небо собой заслонила,
И все звёзды, и солнце, и месяц
(Хотя, честно заметим: по-своему
Был прекрасен её сарафан).
И сидел он в полном изумленье
Под её необъятною тенью (или сенью).
«Вот, любимый, какое имею
Я значение для тебя».

НЕТ, МОЙ МИЛЫЙ

Нет, мой милый: это кухарка.
Ты смотри, как варит и жарит,
Как засучивает, как наяривает
И стирает пыль на ходу,
А потом швыряет тарелки
И кричит, чтоб быстрее жрали,
Пока, к дьяволу, всё не остыло —
Аж кусок застревает во рту.

Знать, теперь она спать залезла
С сапогами в господское кресло —
Отчего бы и не залезть?
Госпожа её там, на балконе,
Попугая кормит с ладони,
И серебряный смех её звонок... —
Так ведь это она же и есть!

ДВЕ СКАЗКИ

Закат разыгрался над морем,
Лаская тугую волну.
У правого борта принцесса
Стоит на открытом ветру.
И лоб её, чистый и гордый,
Огнём озарён золотым,
И взор её в жадном восторге
Никак не насытится им.

Так было бы, если бы сказка
В иные была времена.
А так-то моя героиня
У борта стоять не могла:
На катере в кубрике тесном
Лежала она наповал,
И каждый накат океана
Откатом её убивал...

А в той, НАСТОЯЩЕЙ легенде,
Она, как бывалый матрос,
Взлетает по узкому трапу,
Легонечко трогая трос.
Весь мир восхищают обводы
Стремительной яхты её,
И лучшие волки морские
Гордятся служить у неё.

А в нашей неправильной сказке
В закатном луче золотом
Качается катер казённый
И до смерти пьяный старпом.
Какая там, к чёрту, принцесса?
Несчастная дочь каторжан,

И папа её малохольный
Не Жан далеко не Вальжан...

И всё же — что значит порода! —
Измученна и бледна,
На леер с трудом опираясь,
На берег ступает она
И дальше идёт по отливу
В болотных сапожках своих,
И к ним океан приникает
В закатных лучах золотых.

И принц к ней выходит навстречу.
Он счастлив. Он ждать изнемог.
Он мягко её опускает
На шёлковый тундровый мох.
Раскинув расслабленно руки
На этом роскошном ковре,
Глядит она в даль золотую
И чуть улыбается мне.

И странно, что это не странно,
Что всё это как-то по ней:
И тундра времён мезозоя,
И праздник закатных огней.

Устала принцесса, устала...
Дремотой туманится глаз.
Я тихо ей руку целую,
Где крохотный блещет алмаз.

И яхту её отпускаю
В те сказочные края,
Где было бы всё как надо,
Но не было бы меня.

ИЗДАВАЯ ТИХИЙ ПИСК...

Издавая тихий писк
Или вздох подавленный,
Ты читаешь длинный иск,
Как бы мной предъявленный.

Изучая пункты глав
Жалобы безжалостной,
Шепчешь: «Боже, как он прав!
Как это ужасно-то!»

Не читай ты этот бред,
Выкинь это пугало.
Никакого иска нет,
Ты его придумала.

На тебе передо мной
Мелкие провинности.
Я их с лёгкою душой
Могу много вынести.

Ты уж лучше, будь добра,
Слезь с уютной печечки
И свои ко мне счета
Изожги на свечечке.

И ни капли не жалей
О своей тетрадке:
Нету в ней вины моей —
Только недостатки.

Мне свидетелем Творец:
Когда Главный мой Истец
Предъявляет иски,
Где я — сволочь и подлец,
Перед кем последний лжец, —
Тебя нету в списке.

БЫЛА КНЯГИНЯ СВОЕНРАВНА...

Была княгиня своенравна,
Была красавица горда.
И кто подумал бы когда
(А князь любимый и подавно),
Как у неё душа болит!
Как её сердце ждёт и ноет,
Что — вот придёт и успокоит,
Что — вот укроет и согреет...
Да просто хоть поговорит.

ШКОЛА

Первый класс — первый класс:
Праздник ласок и баляс.

Класс второй — обычный морок
Перебранок и разборок.

Ну, а мы-то, милый друг, —
Доктора уже наук:
Наш последний курс ученья —
Пониманье и прощенье.

Но раздался ГОЛОС СВЫШЕ:
— Нет, любезные друзья,
Зря вы хвалите себя,
Это — проблеск пониманья,
Это — видимость прощенья,
А на деле это просто
Обоюдное терпенье.
А прощенье с пониманьем,
Эти главных два аза,
Постигаются порою
Лишь пред самою чертою,
А бывает, что и — за...

КВАКША

Не смотри ты, квакша,
На небо из ямы,
Не ищи повсюду
Чёрные изъяны.

И не жди ты вечно
Дождичка в четверг —
Ты на горку вспрыгни
И гляди поверх.

НЕТ, НЕ КОГДА...

Нет, не когда в кружке, от восхищенья тихом,
С учёным видом знатока
Вы разбираете, немного свысока,
Буонапарте с Меттернихом;

Нет, не когда, от ярости трясясь,
Карету встречную с форейтором нелепым,
Вас несколько посунувшую в грязь,
Клеймите вы таким эпитетом свирепым,
Какого даже я не слышал отродясь;

Нет, не когда, явившись на приём,
Вы, как лягушка среди гадов,
Дичитесь светских слов, нарядов, видов, взглядов
И отвечаете, за спину руки спрятав,
На все «Коман сава?» бессмысленным кивком;

Но вот когда почтеннейший Вольтер
Полурастерянно-полувлюблённо
Вас слушает — а вы так оживлённо
Толкуете ему, насколько устарел
И стиль его, и слог, и что Жан-Жак вернее
Находит путь к сердцам, — на что кумир Фернея
И возражает-то едва, —
Вот счастье! Вот права!

ЧИЖИК

— Что ж ты, чижик, не поёшь,
Как певал, бывало?
Нотки верхние — берёшь,
Сил ещё — немало,
А как прежде — не поёшь,
Нет того вокала.
И чижиха вон твоя
Жалуется тоже:
Мол, когда любил ея,
Пел не хуже соловья.
Разлюбил, похоже?

— Воробей ты воробей,
Голова два уха!
Ну и глуп же ты, ей-ей,
Как моя старуха!
Прежни песенки мои —
От весенней блажи:
От зари и до зари,
Так, чтоб от моей любви
Глохли даже глухари
За Уралом даже!
Лишь бы голову вскружить,
Лишь бы сердце обольстить
В избранном предмете!..
Но потом-то — с нею жить,
А не песни пети!

Это ж сколько смехоты,
Это ж до упаду,
Если б я, как просишь ты,
В честь родной моей халды
Выдал серенаду!
Нет уж, лучше помолчу,
Ничего, успею...
Вот как ночью будет час,
Когда только двое нас,
Я такого нашепчу,
Что куды Орфею!

БАЛЛАДА О ПРИНЦЕССЕ-РЕВОЛЮЦИОНЕРКЕ

Ее высочество в хрустальный башмачках
В Санкт-Петербург из Киева катило,
В купе отдельном, как оно любило,
За блеском глаз скрывая чёрный страх,
Поскольку через стенку от неё
Три штатских хлопца, чуть ли не зевая,
Открыто караулили её,
Не зная твёрдо, но подозревая
То, что принцесса знала хорошо:
В хрустальном башмачке под левой пяткой,
Заткнув в каблук и подоткнув заплаткой,
Она везла с собой — известно что:
Листок, набитый доверху крамолой,
Такой разоблачительный фугас,
Что в случае чего — исход хреновый,
И титул не спасёт (хотя кого он спас?).

Но вот и Петербург. Почёсывая чресла,
Вываливает киевский эскорт.
Но где ж принцесса? Что за чёрт!
Вот только что была — и вдруг исчезла?!
Не будемте бранить несчастных филеров
За их незнанье местной сети
Всех этих улочек и проходных дворов,
Где сквозануть от них — грудные дети
И то б сумели, ё-моё!
А тут же, всё-таки, высочество её.

Итак, листок доставлен. Динамит
Пошёл греметь по всем меридианам.
Вся пресса на ушах стоит за океаном!
Весь питерский народ на площади валит!
Пал произвол. В вечернем небе
Ликует праздничный салют.
Её высочество в наёмном кэбе
Забилось в угол, как грустный бэби:
Ей неприятен свободный люд!

ТЕМА
ЛЮБВИ

ГУБЫ ОКАЯННЫЕ

Губы окаянные,
Думы потаённые,
Бестолковая любовь,
Головка забубённая!

Всё вы, губы, помните,
Всё вы, думы, знаете,
До чего ж вы моё сердце
Этим огорчаете!

Позову я голубя,
Позову я сизого,
Пошлю дролечке письмо —
И мы начнем всё сызнова!..

Я ЛЮБЛЮ ВАС, МИЛЫЙ ДРУГ

Мой милый друг, я вас молю скорее мне сказать,
Поверьте, я ночей не сплю, я всё хочу узнать, —
А если всё же и задремлю, то даже и во сне
Я на коленях вас молю: мой друг, скажите мне,

Как вы относитесь ко мне?
Как вы относитесь ко мне —
Могу ли я узнать?

— Я люблю вас, милый друг
Я люблю вас, милый...

Что это было, милый друг, скажите мне скорей!
Тот легкий лепет, нежный звук, журчащий, как ручей?
И что за эхо в тишине звучало в унисон?
Я вас прошу, скажите мне, что это был не сон!

Я вас прошу, о, милый друг,
Я вас молю: скажите мне,
Что это был не сон!

— Я люблю вас, милый друг
Я люблю вас, милый...

Луна мелькнула из-за туч и снова не видна.
Закончил песню соловей — и снова тишина.
Моей надежды робкий луч зажёгся и погас...
Мой друг, нельзя ли повторить ещё хотя бы раз:

Как вы относитесь ко мне?
Как вы относитесь ко мне —
Нельзя ли повторить?

— Я люблю вас, милый друг,
Я люблю вас, очень!..

ВИЛЛИ-БИЛЛИ ДЖОН

По дороге скачет Вилли-Билли Джон,
Скачет рысью, едет шагом, пижон.
И на той дороге Вилли-Билли Джон
Подобрал подкову —
Это значит, он нашёл удачу.

Вилли-Билли Джон, не лови ворон,
Ты прибей свою подкову над порогом:
Будешь богатым, Вилли,
Будешь женатым, Билли,
Перестанешь шляться по дорогам,
Перестанешь шляться по дорогам, Джон!

Вот и стал богатым Вилли-Билли Джон:
Кадиллак стоит в конюшне его.
Вот и стал женатым Вилли-Билли Джон,
И его старушка Дженни
Экономит каждый пенни.
Вилли-Билли Джон крутит граммофон,
А душа его в печали и тревоге…

Что же такое, Вилли?
Что же с тобою, Билли?
Ты опять мечтаешь о дороге?
Ты опять мечтаешь о дороге, Джон!
И однажды ночью Вилли-Билли Джон
Оседлал коня и выехал вон.

И пошёл-поехал Вилли-Билли Джон,
Ехал, ехал, плёлся, плёлся, —
Вдруг споткнулся и упёрся…
Вилли-Билли Джон, конь твой захромал,
Он скакать не может по степным дорогам.

Где же подкова, Вилли?
Где же подкова, Билли?..
А она прибита над порогом!
А она прибита над порогом, Джон!
А она прибита над порогом, Вилли!
А она прибита над порогом, Билли!
А она прибита над порогом, Джон...

БОГОМОЛЬНАЯ ДЖЕННИ

— А скажи мне Дженни, Дженни,
Где же ты всю ночь гуляла,
Где гуляла, пропадала,
Расскажи-ка, Дженни, нам.

— Я нигде не пропадала
И ни с кем я не гуляла —
Я ходила в Божий храм
И всю ночь молилась там.

— А скажи-ка, Дженни, Дженни,
Если ты всю ночь молилась,
То чего ж ты нарядилась,
Как для праздничного дня?

— Тут уж вы судите сами,
Но молитва в Божьем храме —
Это праздник для меня,
Хоть в какое время дня!

— А скажи-ка Дженни, Дженни,
Если ты всю ночь молилась,
То чего ж твоя спина
До подола зелена?

— Я молилась и устала
И на травке полежала,
А откуда там она,
И не знаю я сама!

Вы помолитесь-ка с моё,
Господь и вам пошлет её.

ДОРОЖКА

Дорожка родная, дорожка моя,
Уж я ли тебя ли не знаю?
А всё каждый раз, как сажусь на коня,
Чего-то опять ожидаю.

Уведи меня, дорожка,
В те далёкие края,
Где поёт-поёт гармошка
Песни только для меня.

Станицу проедем, другую пройдём,
А я всё гляжу с-под ладони,
Кому там играет, вздыхает по ком
Кудрявый казак на гармони?

Уж сколько промчалось,
            уж сколько прошло,
Живём при десятом начальстве,
А я всё надеюсь, мне даже смешно,
Как я всё надеюсь на счастье!

Уведи меня, дорожка,
В те далёкие края,
Где поёт-поёт гармошка
Песни только для меня.

НА ПАЛУБЕ

А надо мной беспредельное южное синее небо,
В котором плавают птицы, бакланы, скорее всего,
И говорят, и говорят они о чём-то то нежно,
                              то гневно,
А я смотрю, как дурак, и понять не могу ничего.
И никогда, никогда я не найду с ними общий язык,
Не помогу им ни словом, ни делом,
                              ни ещё-нибудь чем-то.
Хотя я много знаю слов: парабеллум,
                              бином, кватрочento,
Но недалёк человек, недалёк, хоть широк и велик.

А подо мной беспредельное южное синее море,
В котором плавают рыбы, дельфины, скорее всего,
И говорят, и говорят они о счастье своём или горе,
А я смотрю, как дурак, и понять не могу ничего.
И никогда, никогда я не найду с ними общий язык,
Не помогу им ничем — ни советом,
                              ни словом, ни делом,
Хотя я много знаю слов: кватрочento,
                              бином, парабеллум,
Но недалёк человек, недалёк, хоть широк и велик.

А предо мной беспредельные южные синие дали,
В одной из них ты стоишь с капитаном, скорее всего,
И говоришь, и говоришь, перебирая ордена и медали,
А я смотрю, как дурак, и понять не могу ничего.
И никогда, никогда не найду я с ними общий язык,
Скорее с птицами, рыбами,
                              звёздами — только не с ними,
Скорее с улицей, аптекой, каналом, ночным
фонарём–м-м-м-м-м...

ПЁТР ПАЛЫЧ

Пётр Палыч ходил на работу,
И не знал Пётр Палыч того,
Что буквально всего через квартал
Анна Дмитна жила от него.

Пётр Палыч любил хризантемы,
Он к зубному ходил на приём,
Анна Дмитна писала поэмы
Каждый вечер гусиным пером.

Пётр Палыч завёл себе дога,
Анна Дмитна купила ежа.
Пётр Палыч был лысым немного,
Анна Дмитна как роза свежа.

И скажите, как больно, обидно,
Что у них ничего не сбылось:
Пётр Палыч и Анна Димитна
Так всё время и прожили врозь!..

КАТОРЖНАЯ

Бежал Николай по Сибири
И летом, и лютой зимой.
С тех пор, как его посадили,
Всё рвался он к Насте домой.
Три раза его догоняли,
Сто раз обещали расстрел,
И всё ж на двадцатом годочке
Ушёл он от них как хотел!

Вишь, любовь какая штука:
Чем её остановить?
Ни винтовкой, ни разлукой,
Ни Сибирью не убить!

Тайга перед ним расступалась,
Зверь дикий бежал наутёк,
Лишь волки угрюмо лизали
Следы окровавленных ног.
И всё ж он добрёл до Смоленска,
Упал под окошком родным
И кликнул жену свою Настю,
И встала она перед ним.

« — Ну, здравствуй, жена моя Настя.
Ты только скажи, почему
Ты так же собою прекрасна,
Как двадцать годочков тому?»
И тихо ответила Настя:
«— Я так тебя, Коля, ждала,
Что, видно, для нашего счастья
Меня пощадили года».

Вишь, любовь какая штука:
Чем её остановить?
Ни винтовкой, ни разлукой,
Ни Сибирью не убить!

ПЫЛИНКА

Крылатого Амура
Крылатая стрела
Навеки грудь проткнула,
На муки обрекла.

Нельзя без содроганья
Внимать мои стенанья.
Тому причина — ты,
Богиня красоты!

Позволь, моя Цирцея,
Пылинкой мелкой стать,
Дабы стопы твоея
Касаться и ласкать.

Как только сквозь подмётку
Почуешь ты щекотку,
То знай, что это я,
Пылиночка твоя!

А если нежный носик
Как бы кольнёт волосик,
То это тоже я,
Пылиночка твоя!

Когда же ночью тёмной
Тебя рукой нескромной
Ля-ля-ля-ля-ля-ля —
Пылиночка твоя!

ОБЪЯСНЕНИЕ

— Послушайте вы ходите за мною по пятам!
— Ну да. А что?
— Вы глаз с меня не сводите, я что — картинка вам?
— Ну да. А что?
— Вы вечно караулите меня на нашей улице…
— Ну да. А что?
— «Ну да, а что, ну да, а что» — заладил, словно дятел!
— Ну да. А что?

— Это вы тогда собаку притащили для меня?
— А что? Ну, я.
— Это вы ко мне в окошко запустили воробья?
— А что? Ну, я.
— А то, что целый день потом гонялся пёс
                               за воробьём!
— Да? И что?
— Они удрали, но сперва пустили мебель на дрова!
— Фью-ю… Да ну?!

Что ж поделать, это глупо, очевидно,
Но зато ведь видно — отчего.
— Да, но как-то несолидно,
И вам должно быть стыдно!
— Ну да, ещё чего!

Ведь я всё это делаю, по крайней мере, год!
— Ну, да. И что?
— И вам всё это нравится, а не наоборот…
— Ну, да. И что?
— А то, что это, значит, для меня не ерунда.
— Ну, да. И что?
— «Ну, да и что, ну, да и что» — чего вы придираетесь?
Скажите — да или нет?
— Ну, да!!!

ПАРОХОД НА РЕКЕ

Пароход на реке
Завёл песню о любви-любови,
Пел, пел и оборвал на полуслове.
Только эхо по реке
Вдаль укатилось и улетело,
Ну, а песню эту так и не допело.

Что же сбудется, что же станется,
С той ли песней, с той ли девушкой?
Может, влюбится, да раскается...

Пароход по реке
Доплывёт до моря деловито,
Вот там и допоёт он о любви-то.
Только эхо полетит
Дальше — тише, дальше — тише,
А я песню эту так и не услышу.

Что же сбудется, что же станется,
С той ли песней, с той ли девушкой?
Может, влюбится, да раскается...

СЛУШАЙТЕ ЖЕНЩИН

Слушайте женщин! Слушайте женщин! Слушайте!
Ибо все они поголовно,
Не желая ни власти, ни славы,
Никогда и ни в чём не виновны
И всегда безусловно правы!
И какую бы чушь ни спороли,
Переврав и запутав слова,
Они правы по природе,
А природа всегда права!

Слушайте женщин! Слушайте женщин! Слушайте!
О, если бы мы умели
Всего-навсего женщин слушать, —
Мы навеки бы расхотели
Убивать, разорять и рушить.
И тогда бы и наши бабы
Перестали бы лгать и грешить...
Но мы слишком не любим учиться,
Ибо слишком мы любим учить!

Слушайте женщин! Слушайте женщин! Слушайте!
Не с врагами в бою упорном —
Только с женщиной наедине,
Только с ней в поединке любовном
Мы, мужчины — мужчины вполне.
О, какие даём мы клятвы!
О, какие обеты даём!
В этот миг мы воистину святы,
Всемогущи, добры и богаты,
Только жаль, что к утру устаём...

Слушайте женщин! Слушайте женщин! Слушайте!..

ПРОЛЕТАРСКИЙ РОМАНС

Спрятался месяц за тучку,
Снова выходит гулять.
Позвольте мне белую-белую ручку
К красному сердцу прижать.

Ты, товарищ, меня глубоко пойми,
Уважая пролитую кровь.
Утомлённое тело окопами
Хочет знать красоту и любовь.

Мои чувства, мечты и фантазии
Снова в сердце, как пламя, зажглись, —
Я в боях с мировой буржуазией
Заслужил себе личную жизнь.

Вы такая прелестная скромница,
Ваши плечи, как фАрфор, и грудь.
Я до вас опасаюсь дотронуться,
Как на свечку, стесняюсь дыхнуть.

Жить невозможно без ласки,
Ласку легко погубить.
Позвольте мне чёрные-чёрные глазки
Красной душою любить.

Жил я раньше во тьме, без понятия,
Но с победой трудящихся масс
Я понЯл красоту и симпатию,
А тем более глядя на вас.

И скажу вам во всей откровенности,
Пострадавши в нужде и борьбе,
Я буржуев культурные ценности
С полным правом присвоил себе.

Когда вы так доверчиво ложите
Свои пальчики мне на ладонь,
Вы себе и представить не можете,
Что вы ложите их на огонь.

Он не сожгёт — он согреет,
Смело доверьтесь ему.
Позвольте я белую шею
Красной рукой обойму.

ЖЕСТОКИЙ РОМАНС

О, как ты валялся
В ногах у меня!
Ты весь извивался,
Как будто змея,
И, руки лобзая,
Прощенья просил.
Я жаждала мести,
Но не было сил.

Но не было силы
Удара нанесть.
Тебе отдала я
Всю девичью честь.
От ласок притворных
Опять вся горю...
Люблю, ненавижу,
И всё-тки — люблю!

СОБЛАЗНЫ

Я так была невинна,
Стыдлива и послушна.
Я так была наивна,
Мила и простодушна.
Я так была мила, была,
Я так была мила
И ни о чём таком
Не думала.

Припев:
Но соблазны, соблазны
Манят и пленяют.
Ах, они так опасны,
Они опьяняют.
Сердце бьётся тревожно,
Горю без огня!
Устоять невозможно —
Держите меня!

Мы очень даже знаем,
Как надо жить на свете —
Евангелье читаем
И прописи в газете,
И всей душою праведной
Стремимся мы к добру,
Особенно проснувшись поутру.

Припев:
Но соблазны, соблазны
Манят и пленяют.
Ах, собла...
Мы согласны,
Пускай опьяняют!
Сердце бьётся тревожно,
Горю без огня.
Устоять невозможно —
Держите меня!

Я СПОКОЕН

Я спокоен, я спокоен, как спокоен я!
Просто чудеса, как я спокоен!
Убивай меня из пушки, изводи под корень —
Из себя не выведешь меня!

Меня ласкает Аргентина ленивой волною,
Мне назначает Мулен Руж по ночам рандеву,
И я прошу вас — не стучите, я вам не открою,
И умоляю — не звоните, я шнур оборву!

Я доволен, я доволен, всем доволен я,
Даже не сказать, как я доволен!
Пусть я буду безобразен, беден, бледен, болен —
Всё равно доволен буду я!

Надену белую панаму, панаму, панаму,
Поеду на Копакабану — гавану куплю,
И я прошу вас — не надейтесь, я ждать вас не
стану,
И умоляю — успокойтесь, я вас не люблю!

Какая чудная погода, не так ли, милорды?
Ну, как у вас идут дела? Как ваш стул? Как семья?
И я надеюсь, вы спокойны, спокойны и твёрды,
Хотя на свете никого нет спокойней, чем я.

Я спокоен.
Я спокоен.
Я спокоен!!!

АХ, МОЙ МИЛЫЙ ПАСТУШОК

Ах, мой милый пастушок,
Что с тобой случилось?
Скоро ль выйдешь на лужок?
Выйди, сделай милость!
Выйди, выйди на лужок,
Поиграй мне в свой рожок:
Сердце истомилось!

Ах, мой милый пастушок,
Приходи, не мучай.
Мы присядем за стожок
На траве пахучей.
Мы присядем за стожок,
Ты достанешь свой рожок —
Он такой певучий!

Ах, мой милый пастушок,
Ты моя услада.
Поиграй ещё разок —
Только буду рада!
Пой, мой милый соловей:
Кроме песенки твоей
Ничего не надо!

ЧИТАЙТЕ ФРЕЙДА!

Ой, сколько ж наворочено возвышенного бреда!
А всё это, ребята, почему? А потому,
Что вы читали Рощина и не читали Фрейда,
А надо бы прислушаться к нему.

Уж эти мне любови, паолы и франчески!
Хороший текст — но взглянем на подтекст:
Что видим мы в основе любой любовной пьески?
Сплошной недовостребованный секс!

Романтические грёзы,
Драматические слёзы,
Лирический мираж —
Он для всех мужчин и женщин
Окончательно развенчан,
Как дешёвый камуфляж!

Квартирные вопросы, социальные обиды,
Футбол, хоккей, тем более балет —
Всего лишь сублимация обычного либидо.
Я ясно излагаю или нет?

Короче говоря: не мучайтесь, не вешайтесь,
Всё это только голод половой.
А значит, выход прост: подите и наешьтесь,
И всё пройдет само собой!

Драматические вопли,
Романтические сопли,
Сиреневый туман —
Эти муторные вздохи
Для компьютерной эпохи
Как корове сарафан.

И пускай за горизонтом
Пропадают врозь и оптом
Все эти паруса:
Эти Грэи и Ассоли,
Эти доремифасоли,
Эти чёрные глаза.

И умолкнут мандолины,
И растают бригантины
В сиянье голубом,
И карета Коломбины
Развернётся и умчится —
Чтобы было чему сниться
И грустить о ком...

ТЕМА ЛЮБВИ

Ни мелодрама, ни трагедия,
Ни клоунада, ни комедия
Не обойдутся ни за что
Без неизбежного дежурного
Сюжета нежного амурного,
То безмятежного, то бурного,
О чём бы дело ни пошло.

В любое действие прескушное
Добавь любви как перцу в кушанье,
Интригу круто замеси —
Увидишь, зрителю понравится,
Он это съест и не подавится,
Напротив, очень позабавится
И даже скажет «гран мерси».

Нам важно это убеждение,
Что звери, люди и растения,
Пожары, битвы то да сё —
Всё, что ни есть на нашем глобусе,
Произошло от нежной склонности,
От этой вечной нежной склонности —
Иль от отсутствия её.

БАЛЛАДА О ВСАДНИКЕ

По равнинам и холмам, днем и ночью при Луне,
Навсегда забыв покой домоседства,
Скачет всадник на коне с верной шпагой при бедре
К даме сердца своего, к даме сердца.
Скачет всадник на коне к даме сердца своего,
А дорога петли вьёт и двоится,
Но, как птица, держит путь сердце чуткое его,
Ни на йоту не боясь ошибиться!

Это миф или явь, это сон или подлинный случай —
Не всё ли равно?
Всё равно скачет рыцарь, всё мчится туда,
Где прекрасная дама его.

И дождётся ли она, и доскачет ли герой,
И настанет ли финал долгожданный —
Но захватывает дух этот дробный перестук,
Неуклонный этот бег неустанный!
По равнинам и холмам вдохновенно и светло
И вчера и до сих пор и отныне
Скачет всадник на коне с верной шпагой при бедре
Днём и ночью по холмам и равнине!

О, скачи, славный рыцарь, лети, беззаветно труби
И доказывай мне,
Что любовь, честь и верность ещё не забыты
И всё-таки есть на Земле!

ЦЫГАНКА-ГАДАЛКА

Цыганка-гадалка, поди-ка сюда:
Вот видишь полтинник — возьми себе два,
Бери мою руку, смотри на ладонь,
Скажи, что мне делать, такой молодой.

Цыганка-гадалка, скорей мне открой,
Где сокол мой ясный, где суженый мой?
Чего он там медлит, кого он там ждёт,
Зачем ко мне, бедной, скорей не идёт?

Цыганка-гадалка, увидишь его —
Скажи ему, чтобы не ждал никого.
Плоха ли, хорОша, какая ни есть,
Уж хочет не хочет — судьба его здесь.

Ой, речка-реченька, ты бежишь куда?
Куда уносишь ты вешние года?
Ой, речка-реченька, ты не торопись:
Весна короткая, а зима всю жизнь!

ДЕТСКИЙ УГОЛОК

В ГОСТЯХ У СКАЗКИ
(к/ф «Там, на неведомых дорожках...»)

Если вы не очень боитесь Кощея
Или Бармалея и Бабу Ягу,
Приходите в гости к нам поскорее,
Там, где зелёный дуб на берегу.

Там гуляет чёрный котище учёный,
Пьёт он молоко и не ловит мышей,
Это настоящий кот говорящий,
А на цепи сидит Горыныч-змей.

Припев:
Приходите в гости к нам,
Поскорей приходите в гости к нам!
Кот про всё расскажет вам,
Потому что он видел всё сам.

Ах, как тихо и темно!
Ах, как чУдно и чуднО!
Ах, как страшно и смешно,
Зато в конце всё будет хорошо!

Ты узнаешь много волшебных историй:
Тут тебе и «Репка», и ключ золотой.
Тут и Черномор, тот самый, который
Зря всех пугал своею бородой.

А в конце концов, всему свету на диво,
После приключений, сражений и драк,
Станешь ты весёлый, как Буратино,
И умный-умный, как Иван-дурак!

Припев.

ДОКТОР ГАСПАР

О, как лукаво обманчива
Внешность вещей!
Как любят они озадачивать
Серьёзных людей!
Я словно дикарь из Африки:
Я носом ловлю, то и знай,
Заманчивые запахи
Ещё не разгаданных тайн!

Как много напутано в жизни!
То нежность...
То злость...
Что сдвинуть в её механизме,
Чтоб лучше жилось?
Всё кажется: тайна счастья
Открыта уже
Почти!..
Ах, если б ещё не так часто
Терялись мои очки!

Прочтите о жизни
Хоть тысячу книг —
Она каждый миг
Вас поставит в тупик!
Не устаю
Удивляться всему
И даже
Себе самому!

ДОРОЖНАЯ ПЕСНЯ
(к/ф «Про Красную шапочку»)

Если долго, долго, долго,.
Если долго по дорожке,
Если долго по тропинке
Топать, ехать и бежать,
То, пожалуй, то, конечно,
То, наверно, верно, верно,
То, возможно, можно, можно,
Можно в Африку прийти.

А в Африке реки вот такой ширины!
А в Африке горы вот такой вышины!
Ах, крокодилы, бегемоты!
Ах, обезьяны, кашалоты!
Ах, и зелёный попугай!

И как только, только, только,
И как только на тропинке,
И как только на дорожке
Встречу я кого-нибудь,
То тому, кого я встречу,
Даже зверю, верю, верю,
Не забуду, буду, буду,
Буду «здрасьте» говорить.

Ах, здравствуйте, реки, вот такой ширины!
Ах, здравствуйте, горы, вот такой вышины!
Ах, крокодилы, бегемоты!
Ах, обезьяны, кашалоты!
Ах, и зелёный попугай!

Но конечно, но конечно,
Если ты такой ленивый,
Если ты такой пугливый,
Сиди дома, не гуляй.
Ни к чему тебе дороги,
Косогоры, горы-горы,
Буераки, реки, раки —
Руки-ноги береги!

Зачем тебе реки вот такой ширины?
Зачем тебе горы вот такой вышины?
Ах, крокодилы, бегемоты?
Ах, обезьяны, кашалоты?
Ах, и зелёный попугай?

ВОТ ТЕБЕ И БРЮКИ!
(к/ф «Про Красную шапочку»)

Один глупый лесоруб —
Знаете такого? —
Захотел себе тулуп
Сделать без портного.
Положил он свой топор
Далеко на полку
И не может до сих пор
Нитку вдеть в иголку!

Один глупый капитан
Из морского флота
Взял и сел на барабан
Вместо парохода.
В это время град пошёл
Покрупней гороха.
Барабану хорошо —
Капитану плохо.

Шили плотники штаны —
Вот тебе и брюки!
Пели песенку слоны —
Вот тебе и звуки!
Лили воду в решето —
Вот тебе и здрасьте!
Лучше всё же делать то,
Что ты делать мастер!

ОТВАЖНЫЙ ОХОТНИК
(к/ф «Про Красную шапочку»)

Пускай ветра буянят,
Шторма пускай штормят —
Меня дороги манят,
Пути меня манят.
Не знаю, что я встречу,
Но я ношу с собой
Один патрон — с картечью,
Другой патрон — с мечтой.

    Припев:
Па-па-да-па погода злится.
 Па-па-да-па гроза грозится.
Па-па-да-па гроза грозится.
Как говорится — быть беде.
Но смелое сердце врага не боится.
Но смелое сердце врага не боится.
Но смелое сердце врага не боится.
И друга не бросит в беде.

Не раз мне угрожали
В лесу из-за угла
Бандиты и кинжалы,
Копыта и рога.
Но я шагал навстречу,
Держа перед собой
Один патрон — с картечью
И с мужеством — другой!

    Припев.
Не требую награды,
Покоя не хочу,
Скажите, если надо,
Приду и защитю.
Не нужен мне ни порох,
Ни жалкие гроши,
Пока в моих патронах
Огонь моей души!

    Припев.

ПОЛЕЗНЫЕ ДЕЛА
(к/ф «Про Красную шапочку»)

Вы думаете, просто
Без отдыха и сна
Считать на небе звёзды,
Которым нет числа?
Куда летит планета
И как её назвать —
Надеюсь, вам понятно,
Как важно это знать?

А думаете, шутка
Слепить в короткий срок
Порядочную дудку
И правильный свисток?
А это так же важно,
Как счёт небесных тел!
А знаете, как много
Других полезных дел?

Ах, если мы запустим
Подобные труды,
То будет всё равно что
В пустыне без воды:
Ни музыки, ни песен,
Ни сказок, ни легенд...
И в небе станет меньше
Созвездий и планет!

ПЕСНЯ ЗВЕЗДОЧЁТА
(к/ф «Про Красную шапочку»)

Когда вам одиноко и грустно отчего-то,
Иль что-то охота понять,
Пойдите и спросите седого звездочёта,
Он рядом — рукою подать.
На все вопросы в мире есть у него ответы —
Прочёл он три тысячи книг,
И выучил всё небо, измерил все планеты
И позволит вам взглянуть на них.

Там на большой высоте,
Даже сказать страшно где,
Звёзды висят, как будто апельсины.
Но между звёзд, между звёзд,
Задравши хвост, пышный хвост,
Ходят кометы, важно как павлины,
А на Луне, на Луне,
Едет медведь на слоне,
Лунный медведь — голубенькие глазки,
Не замечает он того,
Что мы глядим на него
И сам себе вслух читает сказки.
И вся печаль проходит, когда глядишь на небо —
В трубу или просто в окно,
Но, правда, в это время ни дождика, ни снега
На улице быть не должно,
Тогда среди несметных сокровищ небосвода
Найдётся звезда и для тебя,
Но только надо, чтобы хорошая погода
Была на планете Земля.

Там высоко, высоко кто-то пролил молоко,
И получилась млечная дорога,
А вдоль по ней, вдоль по ней,
Между жемчужных полей,
Месяц плывет, как белая пирога,
А на Луне, на Луне,
На голубом валуне,
Лунные люди смотрят, глаз не сводят,
Как над Луной, над Луной,
Шар голубой, шар земной,
Очень красиво всходит и заходит.

Ни дождика, ни снега,
Ни пасмурного ветра —
В полночный безоблачный час
Распахивает небо
Сверкающие недра
Для зорких и радостных глаз.

Сокровища вселенной
Мерцают, словно дышат,
Звенит потихоньку зенит...
А есть такие люди:
Они прекрасно слышат,
Как звезда с звездою говорит:

— Здравствуй!
— Здравствуй!
— Сияешь?
— Сияю.
— Который час?
— Двенадцатый, примерно.
— Там, на Земле, в этот час
Лучше всего видно нас!
— А как же дети?
— Дети спят, наверно...

Как хорошо, от души
Спят по ночам малыши,
Весело спят — кто в люльке, кто в коляске.
Пусть им приснится во сне,
Как на Луне, на Луне
Лунный медведь вслух читает сказки.

А тем, кому не спится, открою по секрету
Один удивительный факт:
Вот я считаю звёзды, а звёздам счёта нету,
И это действительно так.
Смотрите в телескопы и тоже открывайте
Иные миры и края,
Но только надо, чтобы хорошая погода
Была на планете
Земля.

Там высоко-высоко
Кто-то пролил молоко,
И получилась млечная дорога.
А вдоль по ней, вдоль по ней
Между жемчужных полей
Месяц плывет, как белая пирога.

Там, на Луне, на Луне
На голубом валуне
Лунные люди смотрят, глаз не сводят,
Как над Луной, над Луной
Шар голубой, шар земной
Очень красиво всходит и заходит!

РАЗГОВОР С ИЗБАЛОВАННЫМ РЕБЁНКОМ
(к/ф «Про Красную шапочку»)

— А вдруг ты завтра попадёшь на остров в океане?
И как же ты там проживёшь без повара, без няни?
— А я найду кого-нибудь!
— Да хорошо бы кабы так,
Но мы-то знаем,
Что этот остров
Необитаем!
Подушек нет, матрасов нет,
Нет ни одной кроватки!
— А я на травке буду спать!
— Простудишься на травке!
— А я велю разжечь костер!
— А кто же выполнит приказ?
Ведь мы же знаем,
Что этот остров
Необитаем!

Никто на помощь не придёт и дров не раздобудет,
Никто не сварит ничего ни на каком огне!
— А я пойду топор найду!
— И что же дальше будет?
Ты размахнёшься по сосне, а трахнешь по ноге!
Грибы-орехи собирать умеешь?
— Не умею...
— От крокодила убежать успеешь?
— Не успею!
Тогда спасите вы меня!
— Да как же мы тебя спасём?
Ведь мы считаем,
Что этот остров
Необитаем!

— А как же я?!
— А ты сидишь на берегу, тебе ужасно скучно.
Сидишь себе, худеешь не по дням, а по часам...
— Но почему? Почему? Почему?
— Да просто потому что
Ты никогда и ничего не делал в жизни сам!

ЛЕТУЧИЙ КОВЁР
(к/ф «После дождичка в четверг»)

По синему небу
Летучий ковёр:
Пушистые крылья,
Красивый узор.

Захочешь повыше,
Захочешь быстрей —
Командуй, не бойся,
Лети и глазей.

Далёко-далёко
Округа видна.
Вот это дорога —
Ни краю, ни дна!

Вон поле, и роща,
Река, и село —
Ну, надо же, сколько
На свете всего!

А вон ещё сколько
У нас впереди!
Чего нам бояться
На вольном пути?

Подумаешь, дождик!
Подумаешь, снег!
Гроза — на минуту,
А солнце — навек!

САНТА КЛАУС — ДЕД МОРОЗ

Санта Клаус, Санта Клаус,
Клаус, Клаус, Дед Мороз,
Нахлобучил шапку на нос,
На огромный красный нос!
Он мудрей любой гадалки
Только счастье нам сулит,
А в мешке его не дырки,
Не окурки, не огарки,
А в мешке его подарки,
Превосходные на вид!

Санта Клаус, Санта Клаус,
Клаус, Клаус, Дед Мороз —
Марля, вата и стеклярус,
Из картона красный нос!
И в Египте, и на Кубе,
И в пустыне, и в лесу,
И на Антананариве,
И на Попокатепетле —
Всё равно он в белой шубе
И с сосулькой на носу!

ЗЛОЙ ХОЗЯИН ЦИРКА ДРЕССИРОВАННЫХ ДЕТЕЙ
(к/ф «Пеппи Длинныйчулок»)

Жонглируют жонглёры! Мелькают акробаты!
Поигрывает гирями атлет!
И рыжий-рыжий клоун гуляет по канату,
И каждому артисту — десять лет!

Ку-ку, мои малютки, невинные сиротки,
Неслыханный источник барыша!
Всегда легки и ловки, покорны в дрессировке,
Причём не стоят ни гроша!

Малютки на канате, а если кто сорвётся,
Ну что же, все мы смертны, наконец.
Но ни один законник ко мне не придерётся:
Ведь я у них — единственный отец!

Ах, жизнь — ведь это море, по ней нас ветер носит,
И правило при этом таково:
Когда кого-то топят, прощения не просят:
Такое дело — кто кого!

Вдоль по тонкому канату
Мы скользим всю нашу жизнь.
Будь подобен акробату:
Хоть за воздух, а держись!

ВАРЯЖСКАЯ РАЗБОЙНИЧЬЯ

Эй, прохожий, погоди! Постой, проезжий!
Ну-ка денежку гони, не будь невежей.
Ради нас не пожалей ни сапог, ни платья,
Ничего нет тяжелей нашего занятья!

То не конь вороной проскакал стороной,
То не лебедь по небу плывёт.
То разбойник лесной точит ножик стальной
И народную песню поёт.

Целый день сиди в кусту при большой дороге,
Дрожь — в коленках, сушь — во рту,
                                        тюрьма — в итоге.
Рви подметки, падай с ног, ползай по болотам.
Так что я, брат, твой кошелек честно заработал!

То не конь вороной проскакал стороной,
То не коршун по небу плывёт.
То разбойник лихой точит ножик стальной
И про родину что-то поёт:

Едут по полю варяги, ой да удалые скандинавы…

МАЛЮТКА ИЛЬЯ МУРОМЕЦ

Малютка Илья Муромец понЯл себя не сразу:
Бывало, кого тронет, — тот сразу инвалид.
И вот они собрались, кто без носу, кто без глазу,
Свели его в милицию, а он и говорит:

Припев:
Я —
Муромец Илья,
Недавно из пелёнок.
Не трогайте меня —
Ведь я ещё ребёнок,
Я — маленький ребёночек.
Не мучайте меня!

Милиция заплакала, малютку отпустили,
И он тогда на радостях крепко всех обнял.
И тут же всю милицию в больницу уложили:
Ах, бедная малюточка, опять не рассчитал!

Припев.

Ах, бедная малюточка, и силушка — не шуточка!
И что с ним делать, думали, думали, думали, и вот
Малютка Илья Муромец у нас теперь тимуровец —
Старушек переносит через переход!

Припев.

ИВАН-ДУРАК

Отворяйте, братцы, ворота,
Хлопайте в ладоши!
Разбегайтесь кто куда,
Старые галоши!
Только дайте поле перейти,
Дайте друга верного найти.
Кому влево,
Кому вправо,
Кому с нами по пути!

Посадили в огороде лук?
Выросла малина.
Зайцы ехали на юг?
А попали мимо!
Ну, а мне бы поле перейти,
Мне бы друга верного найти.
Кому влево,
Кому вправо,
Кому с нами по пути!

И пускай погода к декабрю
Будет ниже нормы,
И пускай по кораблю
Погуляют штормы!
Мне бы только поле перейти,
Мне бы друга верного найти?
Кому влево,
Кому вправо,
Кому с нами по пути?

Маруся!
Кому влево,
Кому вправо,
Кому с нами по пути!

ТОЧКА, ТОЧКА, ЗАПЯТАЯ
(к/ф «Точка, точка, запятая»)

Точка, точка, запятая —
Вышла рожица кривая.
Ручки, ножки, огуречик —
Получился человечек!

Что увидят эти точки,
Что построят эти ручки,
Далеко ли эти ножки
Уведут его,
Как он будет жить на свете —
Мы за это не в ответе:
Мы его нарисовали,
Только и всего!

« —Что вы, что вы! Очень важно,
Чтобы вырос он отважным,
Сам сумел найти дорогу,
Вычислить разбег.
Это трудно, это сложно,
Но иначе невозможно:
Только так из человечка
Выйдет человек!»

Впрочем, знают даже дети,
Как прожить на белом свете,
Легче этого вопроса
Нету ничего!
Просто надо быть правдивым,
Благородным, справедливым,
Умным,
      честным,
          сильным,
             добрым —
Только и всего!

Как всё просто удаётся
На словах и на бумаге,
Как легко на гладкой карте
Стрелку начертить!
Но потом идти придётся
Через горы и овраги...
Так что прежде, человечек,
Выучись ходить!

РАЗГОВОР
(к/ф «Точка, точка, запятая»)

— А ты любишь просто так бродить по городу?
— Очень. Особенно по вечерам.
— А ты можешь узнавать людей по голосу?
— Да. И даже по шагам.
— А у вас так бывает?
А так у вас когда-нибудь случается?
— Конечно. И не раз. А у вас?
— А у нас в кармане гвоздь!
— А у нас сегодня гость!
А у вас?

— А ты знаешь, что дельфины разговаривают?
— Знаю. Не знаю только о чём.
— О торговых караванах,
О морях и океанах,
Где какая рыба
И почём!
— А ты знаешь?
— Знаю: сам когда-то слышал.
А ты — знаешь?
— Знаю. Это не секрет.
— Ты смотри, как интересно:
Всё на свете нам известно,
И вообще: ученье —
Это свет!

ТИХИЙ МАРШ
(к/ф «Точка, точка, запятая»)

За книжную обложку
Шагни, как за порог,
Освойся понемножку
В туманной чаще строк.
Покружишь по оврагам —
Покажется впотьмах:
Разгадка где-то рядом,
В каких-то двух шагах.

Пролезешь по болотам
И влезешь в бурелом,
Одно возьмёшь обходом,
Другое — напролом.
Уже поставил точку,
Труба трубит отбой —
А точка усмехнётся
И станет запятой!

Оставьте, отодвиньте,
Закройте толстый том!
Мы в этом лабиринте
Дороги не найдём.
Не вышло, так не вышло,
И время зря не трать...
Тише...
Тише...
Дайте дочитать.

ЧТО С ТОБОЙ?
(к/ф «Что с тобой происходит?»)

— Что с тобой?
— А что со мной?
Ничего такого.
Я хожу на голове,
По воздуху лечу,
Что хочу, то делаю,
И честное слово:
Я ничего плохого не хочу!

— Что с тобой?
— А что со мной?
Со мной всё в порядке:
Всё шиворот-навыворот
И задом наперёд.
В переходном возрасте
Не хватает взрослости,
Которая
Со временем
Придёт.

Буду я со временем
Важным и чинным,
И построю что-нибудь
И стану во главе.
Но однажды всё-таки —
Без видимой причины —
Разок-другой
Пройдусь на голове!

ТРИ ЗАГАДКИ

Что такое, что такое:
Близко, рядом, позади,
Убегает за спиною,
Пропадает впереди,
То синеет на снегу,
То желтеет на лугу —
Что такое, что такое?
Догадаться не могу.

— А это всего-навсего,
А это просто-напросто
Дальняя дорога,
Дорога, вот и всё.

А вот что это такое?
Нипочём не отгадать:
Конопатое, рябое,
Только днём не увидать,
Только ночью в темноте,
Точно точки на листе,
Все веснушки,
Как из пушки,
Выступают на лице?

— А что же тут особенного?
Что же тут диковинного?
Это звёзды в небе,
Звёзды, вот и всё.

А вот это что такое,
Что такое это вот?
Никакое не рябое,
А совсем наоборот!
Убегает на лугу,
Пропадает на снегу,
И веснушки,
Как из пушки,
Рассыпает на бегу?

— А что же тут особенного?
Это просто-напросто
Глупая загадка,
И больше ничего.

ДЕВОЧКА НА ШАРЕ
(к/ф «В одно прекрасное детство»)

Девочка на шаре
В голубом трико,
Девочка на шаре
Так стоит легко!
Словно на поляне
В зелёном лесу,
Словно держит воздух
Её на весу!

Даже непохоже,
Что по временам
Ей бывает тоже
Грустно, как и нам:
Неудачный вечер...
Дождливый рассвет...
Неужели тоже?
А кажется — нет!

Шар скользит, качается,
Упасть недолго —
А она стоит, смеётся,
Ей удобно!
Словно нет на свете
Грусти и печали,
Словно все мы — дети
На прекрасном шаре!

РУСАЛКА НА ВЕТВЯХ

*Фантазия
на Пушкинские темы
в двух частях*

Действующие лица

САШКА
ЖОРА
УЧЁНЫЙ КОТ
ЛЕШИЙ
БАБА ЯГА
КАРЛА ЧЕРНОМОР
ЧЕРНОМОР, ВЛАДЫКА МОРЕЙ
РУСАЛОЧКА, ЕГО ДОЧЬ
КОРОЛЕВИЧ
ЦАРЬ ДЕВИЦА, ЕГО НЕВЕСТА
БУРЫЙ ВОЛК
ГРОЗНЫЙ ЦАРЬ
МАЛЮТА
ЦАРЬ КОЩЕЙ

АКТ ПЕРВЫЙ

ПОКА АПОЛЛОН НЕ ТРЕБУЕТ

СА́ШКА.
> Пока не требует поэта
> К священной жертве Аполлон,
> В заботах суетного света
> Он малодушно погружён.

Кто не понял, объясняю. Аполлон — это бог поэзии. Время от времени ему требуются жертвы: стихи, поэмы, басни Крылова, песни западных славян. А между жертвоприношениями поэт может свободно погружаться в заботы суетного света, то есть: посещать театры, художественные салоны, появляться на презентациях, тусоваться на банкетах, короче: заботы суетного света — это пьянство, шопинг и азартные игры. А что? Пока Апполон не требует... *(Поёт)* «Что наша жизнь? Игра!» Тройка! Семёрка! Туз! — мимо! Тройка! Семерка! Дама! Пиковая! Вот она! Не подвела старая карга. Я выиграл!

(Посыпались деньги)

Гуляем, братцы!

(Откуда ни возьмись — цыгане)

> Эх, когда мне было лет 17-20-30,
> Не раз я в Болдине гулял.
> Пока кругом была холера без предела,
> Я стихотворенья сочинял!

ХОР.
Вот вино, а вот и чаша,
Наливай её полней.
Гуляй, Саша, радость наша,
Сердцу будет веселей!
Песню грянем и — по кОням,
Куда хочешь полетим:
Домового похороним,
Ведьму замуж отдадим!

САШКА.
Эх, пока не требует поэта, ёксель-моксель,
К священной жертве Апполон,
То это даже и представить невозможно,
Во что он, бедный, погружён!

ХОР.
Дай-ка, барин, поцелую,
Ручку мне позолоти,
И тебе я наколдую
Только счастье впереди!
Вот вино, а вот и чаша,
Наливай её полней!
Гуляй, Саша, радость наша,
Сердцу будет веселей!

САШКА.
Стойте! Кто это?.. Кто это там?.. Кто там, в
малиновом берете?.. Боже, как она прекрасна!..
Сударыня! Она смотрит... Она улыбнулась!... Она
зовёт! Это принцесса, никаких сомнений. Ваше
высочество! Я вас люблю... что? Что такое?

(На него набежала толпа)

ГОЛОСА.
— Александр! Пожалуйста! Это ваша книга —
подпишите! Вот тут:
«Васе, Тусе и Пупсику!» Пупсик — это я!
— Александр! Программа «Культура» Скажите, что
вы чувствуете, когда вы что-то ощущаете? Вы же
ощущаете что-нибудь?
— Александр! «Всеобщая газета». Скажите, а когда
к вам приходят строки: утром или вечером? Утром
или вечером? А когда уходят?
— Александр! «Ньюз-Йорк-Ньюз». Два слова о
вашем правительстве! Два хороших смачных слова!

САШКА.
Я ненавижу политику! Я ничего не ощущаю! Ко
мне никто не приходит! Пустите меня! Где она? Где
принцесса? Куда вы дели её от меня?

ГОЛОСА.
— Тише! Что вы кричите? Она спит.

САШКА.
— Как спит?

ГОЛОСА.
— А вы не знаете? Вы не слышали?
—Она спит, спит...
— И проснётся тогда...

САШКА.
Когда её поцелует принц?

ГОЛОСА.
— Когда её поцелует поэт. Поэт!
— Которого она отличила в толпе...

САШКА.
Но это же я! Я — поэт, которого она отличила в толпе!

ГОЛОСА.
— Ну, какой же вы поэт...
— Вы — поэт? Не морочьте нам голову.
— Вы, милостивый государь, болтун, бездельник, пьяница, в лучшем случае — клоун, но уж никак не поэт.

САШКА.
Я — не поэт?! А кто же, по-вашему, сочинил вот это: « У Лукоморья дуб зелёный... златая цепь на дубе том...»?

ГОЛОСА.
— Обманщик! Самозванец!
— Вы, сударь, лжец: это не ваши стихи!

САШКА.
А вы почём знаете? Вы что, бывали на Лукоморье? Разговаривали с учёным котом? А я — был! И разговаривал!!

ГОЛОСА.
— Какая наглость!
— Ну, вот ещё! Подумаешь, Пушкин нашёлся. Да застрелить его к чертовой матери и дело с концом.

САШКА.
Ну что же. Это у нас в обычае — убивать родную литературу. Стреляйте! Пушкин не Пушкин — а я поэт!!!

(Залп. Мрак. Постепенно освещается Сашина каморка с Сашей посредине)

Я поэт... просто — Аполлон меня пока не требует... Ффу!.. Как это меня разобрало однако. Шампанское, шампанское — что оно делает с человеком! Так и лезет в глаза чёрт знает что... Нет, всё: с этой минуты — только пиво, пиво, ничего кроме пива. Но Боже! Как она прекрасна... Где я видел это лицо? Неужели это одно воображение?... Но тогда как же мне вновь её увидеть?.. Как вернуть этот сон? Нет, без шампанского тут не обойтись. *(Лихорадочно шарит по карманам, отшвыривая бумажки)* Всё просвистел... всё профукал... за газ... за свет... за уборку территории... это все обязанности! А где права? Где мои ассигнации, облигации, кредитные карточки? Где моё шампанское, чёрт побери!

(Входит ЖОРА)

У вас есть шампанское?

ЖОРА.
А много надо?

САШКА.
Бокал!

ЖОРА.
Ноу прОблем. *(Достаёт из-за пазухи полный бокал)*

САШКА. *(Взял бокал)*
Сейчас... сейчас я её увижу. *(Выпивает единым духом. Медленно открывает глаза. Перед ним — Жора)* Нет, это не принцесса... Ты, наверно, Аполлон?

ЖОРА.
Я — Жора.

АПОЛЛОН ТРЕБУЕТ

САШКА.
Чего тебе надобно, старче?

ЖОРА.
Русалку мне надобно.

САШКА.
Понимаю. Композитор Даргомыжский, слова
Пушкина. *(Поёт)* «Мне всё здесь на память
приходит былое...» Нет у меня этой оперы.

ЖОРА.
А мне не опера, мне русалка нужна.

САШКА.
Живая русалка?

ЖОРА.
Желательно.

САШКА.
С ума сойти. А какая живая? Русалки бывают:
речные, морские, озёрные, болотные...

ЖОРА.
Мне древесная нужна.

САШКА.
Древесная? Русалка? Слушай, может, ты обезьяну
ищешь?
Русалки по деревьям не лазают.

ЖОРА.
Объясняю. «У Лукоморья дуб зелёный. Златая цепь
на дубе том». Вспомнил? Так вот: «Лукоморье»

— это фирма моя. Ну, в смысле я в ней работаю. Ну, «Лукоморье», ты что? Реклама же на каждом углу. Фирма «Лукоморье» — гулянки, свадьбы, массовый досуг. Ну и вот. Нам для аттракционов русалка нужна. Проект такой. Вроде Диснейленда. Только по-русски. Как бы.

САШКА.
Ну а я тут причём?

ЖОРА.
Мне сказали: ты знаешь. Ну, где русалку эту достать.

САШКА.
Древесную русалку?

ЖОРА.
Ну да! Забыл, что ли? «Там чудеса, там леший бродит...»

САШКА.
«...русалка на ветвях сидит». Ха! Действительно! Сидит! На ветвях! Да как же она туда залезла? Никогда раньше не задумывался.

ЖОРА.
Ну вот. Теперь узнаешь, как. Вставай, поехали.

САШКА.
Да ты, видать, и правда, Аполлон. Требуешь меня к священной жертве.

ЖОРА.
Слушай, хорошие бабки заработаем.

САШКА.
Жора, а как ты себе представляешь русалку?

ЖОРА.
Ну, как. Досюда баба, а отсюда рыба.

САШКА.
Ты хоть когда-нибудь видел эту баборыбу? Да ещё
на дереве? А котов, поющих направо и говорящих
налево? Нет, Жора, ты не Аполлон, ты Иван-Дурак.
Стряхни лапшу с ушей! Поди туда не знаю куда,
принеси то не знаю что — а ты и потащился.
Накололи тебя, Жора! Обули-одели, обманули-
обидели, как последнего лоха — но меня-то
зачем? Я — человек образованный, Вольтера
в подлиннике читал. Так что объясняю, кто не
понял: сказки всё это, Жора, нету их — ни котов,
ни дубов. Микки-Маус есть, вот и пускай берут
его для своих аттракционов, но чтоб русалка на
дереве? Всё, свободен.

ЖОРА.
Саня! Моя фирма веников не вяжет. И
командировку — просто так, чтобы Жору
разыграть, она выписывать не будет. И если она
говорит, что ты — специалист, значит, так оно и
есть. Короче, скажи прямо: сколько?

САШКА.
Подите прочь! Какое дело поэту мирному до вас?

ЖОРА.
Что, тыща баксов тебя не устроит?

САШКА.
Кудесник! Ты лживый безумный старик!

ЖОРА.
Да ничего не лживый! Вон, в контракте, вообще
строчка пустая, сколько хочешь, столько и вписывай.

СА́ШКА. *(Вскочил, приобнял Жору и повёл на выход)*
Да, твой пример — другим наука, но Боже мой
какая скука с тобой сидеть и день и ночь, не отходя
ни шагу прочь. Вздыхать и думать про себя: когда
же чёрт возьмет тебя! *(Выставил за дверь)* Русалку
ему... для аттракционов... Скоро вообще ничего
живого не останется.

(ЖОРА вновь на пороге)

ЖОРА.
Саня! Фирма «Лукоморье»...

СА́ШКА.
Пшёл вон!!!

ЖОРА. ...фирма «Лукоморье», Саня, скупила все
твои векселя и долговые обязательства, и завтра
же предъявляет их ко взысканию, что повлечёт
за собою арест, конфискацию имущества и
длительный срок заключения под стражей, одно
письмо в месяц, одно свидание в полгода. Или
подписывай контракт.

(СА́ШКА выслушивает всё это с обречённым видом)

СА́ШКА. *(После паузы)*
Пробили часы урочные. Поэт роняет молча пистолет,
на грудь кладёт тихонько руку и падает. *(Падает)*

ЖОРА.
Сань ... да ладно тебе. Ну, чего ты? Поедем, заберём
эту дуру с хвостом, заодно кота говорящего
прихватим — ты что? Это же бабки сумасшедшие!
Расплатишься сразу. И на погулять останется.

СА́ШКА.
Про цепь золотую забыл...

ЖОРА.
Тоже вещь. На дороге не валяется.

САШКА.
«Там чудеса... там леший бродит...» Дальше!

ЖОРА. (*Пожал плечами*)
Русалка на ветке сидит.

САШКА.
На ветвях. На ветвях, а не на ветке! Дальше! Дальше!

ЖОРА.
Дальше фирма не заказывала. Русалка, всё.

САШКА.
«Там на неведомых дорожках...» — ну? Не знаешь?

ЖОРА.
Да больно надо.

САШКА.
Ну так узнаешь. Все узнаешь, как миленький.
Аполлон люберецкий...Ну, поехали, раз такое дело.

ЖОРА.
Просю. Карета подана. 600 лошадей, последняя
модель.

САШКА.
На Лукоморье, брат Жора, ездят не на мерседесах, а
исключительно при помощи высокого напряжения
полюсов воображения. А так как твоя фантазия
кроме баксов, бабок и башлей произвести ничего
не в состоянии, то закрой глаза и доверься Саше.
Воображение — это его единственное богатство,
больше нету ничего.

(Накрывает Жору плащом)

Поехали!

ХОР.
Вот вино, а вот и чаша,
Как ведётся на Руси,
Друг сердешный Алексаша,
Мимо рта не пронеси!
Ну-ка выпьем на дорожку,
Грянем кружку в черепки
И поедем понемножку,
Глядя вдаль из-под руки.
Что-то слышится такое
Непонятное пока:
То ль разгулье удалое,
То ль сердечная тоска...

ПОД ДУБОМ

*(У Лукоморья дуб зелёный. Под ним озираются
Сашка и Жора)*

САШКА.
Давно, давно меня здесь не было... Что-то здесь
изменилось.

ЖОРА.
Дуб вижу. А где же «златая цепь на дубе том»?

САШКА.
И в самом деле.

ЖОРА.
Видать кот чересчур учёный оказался. Сбежал
вместе с цепью. Хищение в особо крупных размерах.
10 лет строго режима. Если, конечно, поймают.

САШКА.
Жора, очнись. Здесь другой кодекс. И потом, никто никуда не сбежал.

(Слышится пение КОТА. А вот и он. На нём — златая цепь, как наградная лента)

САШКА. *(Церемонно)*
Моё почтение, милостивый государь. Примите наши искренние уверения. *(Раскланиваются)* Георгий, мой... ээ... спутник. Мещанин. Жора! Ты что: изумленный или невоспитанный?

ЖОРА.
Класс! Ну что ты! Супер! *(Представляется).* Георгий, очень приятно.

КОТ.
Право, не знаю, как и рекомендоваться. Дон Базилио... Маркиз Карабас... Баюн Чеширский... Бегемот, представьте себе!

ЖОРА.
А цепь — почему не на месте?

САШКА.
Жора!

КОТ.
Отчего же? Вопрос резонный. Златая цепь на дубе том... идёт направо... затем налево... для своего времени это было естественно. Но теперь — держать на цепи образованных котов, согласитесь, неинтеллигентно. Я ношу её как заслуженную награду.

ЖОРА.
С ума сойти на этом месте! Да нет, ну маска же это, маска!

(Идёт к Коту. Сашка перехватывает его)

САШКА.
Жора. Ну, попробуй всё-таки уложить это в свои извилины: это не маскарад. Натуральный кот, как ты и я. Только говорящий.

КОТ.
Да и зачем меня держать на цепи, когда я и так привязан к Лукоморью душой и телом, всей биографией, наконец! Быть привратником Лукоморья — это, судари мои, дорогого стоит. Это вам не преисподнюю сторожить, как какой-нибудь Цербер. Бедная псина! Мрак, духота, поневоле озвереешь. Вы к нам надолго?

САШКА.
Да как получится. Молодой человек интересуется древесными русалками.

КОТ.
Какими?

САШКА.
Древесными. Помните? Тарам- тарам...» Русалка на ветвях сидит»...

КОТ.
А-а... да-да-да. В самом деле, есть такая.

ЖОРА.
Где она?

КОТ.
Есть, есть, я слышал, мне говорили.

ЖОРА.
Ну, так где она? В смысле, как к ней пройти?

КОТ.
Потрясающе! Вы хотите к ней пройти?

ЖОРА.
Ну, хорошо, хорошо — идти-то к ней куда?

КОТ.
Послушайте, молодые люди... *(к Сашке)* Ведь с вами мы знакомы, не так ли?

САШКА.
Как же, как же, сиживали, было дело.

КОТ.
Это может быть интереснейшая история для моего репертуара. Обещайте мне полный отчёт о вашем путешествии. Иначе я вас просто не пущу никуда!

САШКА.
Сударь! О чём речь? Всегда к вашим услугам. Как поэт поэту...

КОТ.
Жду. С нетерпением. Итак... *(Выводит на путь)* Там — чудеса.

ЖОРА.
Ну?

КОТ.
Там — леший бродит.

ЖОРА.
Ну?

КОТ.
Это всё.

ЖОРА.
Причём тут леший, когда русалка?

САШКА.
Жора! Это Лукоморье, а не справочное бюро.
Другой информации не будет. Сказано: идите к
лешему. Вот и пошли.

ЖОРА.
А почему прямо-то нельзя?

САШКА.
А это и есть прямо. Чтобы выдернуть репку, Жора,
нужна вся цепочка: дедка, бабка... жучка, внучка... а
иначе — ходи голодный.

ЖОРА.
И здесь, значит, свои инстанции.

САШКА.
Ну, допустим. Если так тебе понятнее. Двинули?

ЖОРА.
А что остаётся.

САШКА. *(Коту)*
До встречи, сударь.

КОТ.
Оревуар.

ЖОРА.
Да нет, не может быть.

(Подошёл к Коту, схватил за ухо. Яростное шипение, свирепое «Мяу!», молниеносный удар)

Ой! Ты что? Я же погладить!

КОТ.
Ну, почему? Почему говорящий кот вызывает такой нездоровый интерес? Не всё ли равно, вообще, кто говорит — кот, человек, попугай? Важно — ЧТО они говорят. А с этой стороны, коты, по-моему, гораздо любопытнее, чем, скажем, собаки. *(Пошёл направо, запел)* «Уж вечер, облаков померкнули края — и т. д.»

ДОРОГА

(Тьма, туман. Скользят тени, раздаются звуки. Сашка с Жорой то и дело вздрагивают и озираются. Чьи-то шаги. Внезапный волчий вой)

ЖОРА.
Обстановочка... Не понимаю... Ты раньше здесь бывал или нет?

САШКА.
Бывал, бывал.

ЖОРА.
Бывал, а дороги не знаешь.

САШКА.
Здесь каждый раз дороги разные.

(Сверху крики)

1 КРИК.
Отпусти! Отпусти бороду, тебе говорят!

2 КРИК.
Отнесёшь к царевне, отпущу.

1 КРИК.
Я тебя отнесу к царевне! Я тебя к ней так отнесу —
костей не соберёшь!

ЖОРА.
Это кто?

САШКА.
Черномор. Злой карлик с бородой. Борода
волшебная, вся его сила в ней. Однако не всегда
помогает. Кто ж его гоняет, не разберу. Это уже
второй раз с ним.

ЖОРА.
А раньше кто гонял?

САШКА.
Руслан, кто. Князь Руслан. Вот не читаешь
классиков, а потом удивляешься.

ЖОРА.
Да в школе, вроде, проходили.

САШКА.
Вот-вот. Прошли и не заметили.

(Показался Бурый ВОЛК)
ЖОРА.
Ого!

САШКА.
Спокойно, Жора. Это свои.

ЖОРА.
Вот это волчище. Небось, тоже говорящий?

СAШКА.
Ага. Привыкаешь помаленьку?

ЖОРА.
Это, значит, как? «Здравствуй, братец, серый волк» — так, что ли?

САШКА.
Он не серый — он бурый.

ЖОРА.
Бурый — это медведь, Саня.

САШКА.
Здешний волк — бурый.

ЖОРА.
Да хоть серо-буро-малиновый, лишь бы не кусался.

САШКА.
Бурый, Жора, бурый. Смотри, не перепутай: обидится.

ВОЛК.
Ой вы гой еси, добры молодцы! Королевич тут не пролетал?

ЖОРА.
Ну, пролетал, не пролетал — это мы потом разберёмся, а ты, Серый, сначала нас к Лешему проводи.

ВОЛК.
Что-что?

ЖОРА.
Ну, хорошо, бурый, бурый — какая разница?

ВОЛК. *(Крепко ухватил Жору)*
Ах ты, волчья сыть, травяной мешок, кикимора
болотная, имя моё запомнить не можешь, да ещё и
торговаться вздумал?!

ЖОРА.
Да ладно тебе, ты че? Отпусти, тебе говорят! Ну,
пролетали они, пролетали!

ВОЛК.
Куда пролетали?

ЖОРА.
Туда пролетали? *(Показывает)*

ВОЛК. *(Отпустив Жору, к Сане)*
Кого ты сюда водишь, Саша?

САША.
Молодой ещё, необученный.

ЖОРА.
Ладно, «необученный». Знал бы, автомат бы
захватил. А то слова не скажи, сразу лапы
распускают.

ВОЛК.
К нам всякие ходили. Да не все ворочались. Ну,
добро. Побежали дале. А к Лешему — по дорожке, и
дойдете.

ЖОРА.
По какой дорожке? Не видно же ничего.

ВОЛК.
След ищи. Где след, там и дорожка. *(Исчез)*

ЖОРА.
След... след... Ну, вот след. Вот ещё один. Саня! Здесь чё — страусы водятся?

САШКА.
Причём страусы? Это след куриный.

ЖОРА.
Тогда в этой курице метров десять.

САШКА.
Поменьше. Эта курица одноэтажная.

ЖОРА.
У тебя, я вижу, тоже крыша поехала. У кур этажей не бывает!

САШКА.
Ты всё ещё не понял?

ЖОРА.
Чего я не понял?

САШКА.
Что на Лукоморье бывает всё. Цыпа, цыпа, цыпа!

(Показалась изба на куриных ногах)

ЖОРА.
Да... Такого зверя и в дурдоме не придумаешь. Так это он и есть?

САШКА.
Ты о ком?

ЖОРА.
Ну, Леший-то?

САШКА.
Жора. В воде — водяной. В дому — домовой. В лесу — леший. А это изба. Хата. Жилплощадь. Но, правда, на курьих ножках. Ножки, конечно, побольше обыкновенных, но ведь и избушка тебе не пеструшка.

ЖОРА.
Хороша жилплощадь: ни окон, ни дверей.

САШКА.
А для входа и выхода здесь печная труба. Очень удобно. Особенно верхом на помеле. Заодно и дымоход почистить.

ЖОРА.
Так она что, тоже говорящая?

САШКА.
Кто?

ЖОРА.
Избушка.

САШКА.
С чего ты взял?

ЖОРА.
Ну раз она на «цыпа-цыпа» откликается.

САШКА.
Куры тоже откликаются, но говорящих среди них я что-то не припомню. А! Была одна, была. Чернушка. По совместительству — министр небольшого подземного царства. Но это всё в другое время в другом месте...

ЖОРА.
Саня! Я хочу к Лешему.

САШКА.
Кто ж тебе запрещает.

ЖОРА.
Так это избушка, а Леший где?

САШКА.
В ней.

ЖОРА.
Ффу!.. Ну что ж ты мне тут голову морочишь? Эй! Хозяин!

САШКА. Жора... какой же ты всё-таки... Сказано же было: молодой, необученный — ну так стой и учись!
И с каких это пор в заповедном лесу
От гостей хозяева прячутся?
Выходи, Лешак, покажись, Лесовик:
Не со злом к тебе люди добрые.

(Из избушки появился ЛЕШИЙ)

ЛЕШИЙ.
Я гостей не звал, я гостей не ждал.
У меня и печка не топлена.
У меня и воды не наношено.
И хозяйка моя неизвестно где
Неизвестно чем занимается.

ЖОРА.
Батя! Да нам не надо ничего, ты только скажи...

САШКА.
Цыц! *(Лешему)*
А нам печку растопить — это плюнуть раз,
А водицы принести — и плевать не нать.
Что хотишь, мы тебе то и сделаем,
И ничего за это не стребуем.

ЖОРА.
Ты только скажи, где русалку найти, всё.

ЛЕШИЙ.
Что ж ты, гой еси, али жил не на Руси?
Говорить не умеешь по нашему?

ЖОРА.
А чё, я непонятно говорю?
(Громко, как глухому) Русалку! Где есть можно
находить айн русалка?
(Сашке) Переведи ему.

САШКА.
Очумел совсем добрый молодец:
Вынь подай ему живую русалочку.

ЛЕШИЙ.
А зачем ему живая русалочка?

САШКА.
А на ярмарке за деньги показывать.

ЛЕШИЙ.
Ну, а ежли это ей не понравится?

ЖОРА.
Да она за такие бабки удавится!

ЛЕШИЙ.
Смотри-ка, научился.
Ой ты гой еси добрый молодец!
Вот дождись — придёт моя хозяюшка,
Ты её и расспроси о русалочке.
Уж она-то в русалках разбирается,
Так тебе на ладонь всё и выложит,
Где искать, как ловить и выслеживать.

ЖОРА.
Ну и сколько ждать твою хозяюшку?

ЛЕШИЙ.
Это, брат, даже Богу неведомо.

САШКА.
Всё торопишься, Жора, всё торопишься.

ЖОРА.
А мне ждать не нать, когда можно взять! Вот
мать-перемать, с вами совсем язык поломаешь.
Всё, Саня. Необходимую информацию я получу
без тебя: кажись, я понял, как это здесь делается.
Цыпа-цыпа-цыпа! А ну, избушка, повернись ко мне
передом, а задом — ко всем остальным!
(Избушка повинуется)
А? Соображает. Трейлер лукоморский.

(Забирается на крышу)

САШКА.
Ну и леший с тобой.

ЖОРА.
Леший — с тобой, Саня. А мне — к лешачихе пора.
Нукося, избушечка убогая,

Дорогая ты моя, куроногая,
Отвези меня к своей хозяюшке:
Мне охота с ней потолковать!
Я помню это чудное мгновенье,
Когда передо мной явилась ты,
Кабудто мимолетное виденье,
Кабудто гений чистый красоты!

(Уехал)

ЛЕШИЙ.
Что-то друг твой чересчур разбежался.

САШКА.
А на избушках никогда не катался.

ЛЕШИЙ.
Не свихнул бы себе шею с наскоку.

САШКА.
А не мешало бы ему для уроку.

ЛЕШИЙ.
Ну, прям два сапога с моей бабой!
Тоже, дура, помешалась на русалке.
Тут одна мне запуталась в сети.
«Отпусти, говорит, меня, Леший,
Я, мол, дочка самого Черномора,
Он тебе любой выкуп заплатит».
Ну а я что, последняя сволочь —
Торговаться за живую душу?
Говорю, мол: ступай себе с миром.
А моя, как узнала, так взвыла:
«Как же ты обо мне не подумал?
Попросил бы хоть новое корыто!»
И пошла она, безумная, к морю
И всё невод кидает и кидает.

САШКА.
Так избушка-то куриная эта
К ней направилась?

ЛЕШИЙ.
Вестимое дело.
Не завидую я твоему другу.

САШКА.
Отчего же?

ЛЕШИЙ.
Ведьма есть ведьма.
Погубить она его не погубит,
Но погонять его она погоняет.

САШКА.
А вот на это я охотно погляжу!

(И они направились к морю)

САШКА и ЛЕШИЙ *(На мотив «Варяга»)*
Как ныне сбирается вещий Олег
В поход за русалкой прекрасной.
Разумным советом дурак пренебрёг,
И это он сделал напрасно.
Напрасно старушка ждёт сына домой,
Ведь в чём самый главный вопрос-то:
С русалкой управится каждый любой,
Но с ведьмою это непросто!

У МОРЯ

*(На морском берегу БАБА ЯГА который раз
закидывает невод)*

ЯГА.
Старый муж, грозный муж,
Режь меня, жги меня,
Не боюсь я тебя,
Не люблю я тебя!
Я свободу люблю!
Я богатство люблю!
Я в куриной избе
Больше жить не хочу!

(Тянет невод)

Хочу быть владычицей морскою!
Чтобы дочка самого Черномора
Была у меня на посылках!

(Вытянула)

Тьфу! Опять пусто. Проклятый невод! Не любит он
меня. Не хочет работать. Леший закинет — ладно,
не русалку, так хоть рыбы кила два-три а вытянет!
А я тащу сплошного пустыря. Вот бы попросить
— может, у кого рука лёгкая? О! Смотри-ка: как по
заказу.

(Те же и Жора на избе)

ЖОРА.
И вот оно, чудесное мгновенье:
И вот передо мной явилась ты,
Кабудто мимолетное виденье,

Кабудто гений чистой красоты!
Здорово, хозяюшка! Ну, блин, твой домик — это супер! Вездеход!
Жмёт по пересеченке, как по маслу.

ЯГА.
Здравствуй, здравствуй, сокол ясный...

ЖОРА.
Нет, ты не думай, всё о'кей: я — по доверенности, хозяин разрешил.

ЯГА.
Милости просим, милости просим... эээ...

ЖОРА.
Георгий.

ЯГА.
Георгий! Победоносец?

ЖОРА.
Ну... не всё сразу.

ЯГА.
Да чего уж там. Победоносец и есть. Вон какой... внушительный.

ЖОРА.
Ты мне, хозяюшка, вот что скажи...

ЯГА.
Погоди. Ну, нельзя же так. Всё-таки ещё не старая женщина. С утра на тяжёлой работе. Ты видишь? Видишь? *(Подносит к его носу ладони)* Этими руками бисером по шёлку вышивать, а не сети раскидывать!

ЖОРА.
Ну, хорошо-хорошо, ты мне только вот что...

ЯГА.
Что я тебе? Кто я тебе? А ведь ты Георгий.
Победоносец! Защитник страждущих, опора
жаждущих — а я? Разве я не стражду? Не жажду? А
ему хоть бы что!

ЖОРА.
Ой, ты гой еси красна девица!

ЯГА.
Наконец! Наконец заговорил по-человечески!
Помоги мне, Георгий батюшко:
Кинь мой невод как можно далее,
Может, он хоть за что-то зацепится!
А то вишь, я кидаю, а всё попусту.

ЖОРА.
Ты сперва мне скажи...

ЯГА.
Сперва невод закинь.

ЖОРА.
А ты скажешь потом?

ЯГА.
Я что хочешь скажу!
Всё скажу! Коли невод зацепится.

ЖОРА. (Раскачивает невод перед броском)
Ходил Я-ша
Эх да на рыбалку!
Ловил ерша,
Выловил русалку! Оп! Оп!

ЯГА.

Сто-оп! *(Остановила Жору)* Какую русалку? Зачем русалку? Почему русалку? Вы что себе позволяете, молодой человек? Неведомо кто, неведомо откуда, да ещё частушки поёт! Неприличные!

ЖОРА.

Ты, блин, совсем мне мОзги задурила. Я же тебе битый час толкую: я русалку ищу!

ЯГА.

Первый раз слышу.

ЖОРА.

Так ты слова сказать не даёшь!

ЯГА.

Милый... прости. Говори.

ЖОРА.

Ля-ля-ля-ля, кидай невод, не кидай невод, я страждаю, я жаждаю — ушей никаких не хватит! А теперь: говори... а чё говорить-то? Ну... в общем, у нас, в «Лукоморье»...

ЯГА.

У вас в Лукоморье?

ЖОРА.

Ну да. Холдинг такой.

ЯГА.

Так.

ЖОРА.

Ну вот. И есть потрясный проект. Такое шоу со всякими прибамбасами.

ЯГА.
Так.

ЖОРА.
Дизайн такой прикольный, звук, свет — полный супер, ну, что ты: бабки сумасшедшие!

ЯГА.
Какие бабки?

ЖОРА.
Зелёные. Само собой. Не деревянные же.

ЯГА.
Зелёные бабки сумасшедшие. И это всё у вас в Лукоморье?

ЖОРА.
Ес, ес.

ЯГА.
А у нас в Лукоморье что?

ЖОРА.
Ничего. Обойдётесь и без русалочки. У вас вон и лешие, и водяные, карлы летают, избушки бегают, волки хамят — не обедняете, небось.

ЯГА.
А у вас в Лукоморье...

ЖОРА.
А у нас ваша русалочка будет — аттракцион.

ЯГА.
И бабки сумасшедшие.

ЖОРА.
Не то слово. Бабки — туши свет и падай.

ЯГА.
Интересное дело: все слова понимаю — но только
по отдельности. Георгий! Как хорошо...

ЖОРА.
Что хорошо?

ЯГА.
Как хорошо, что ты попал именно ко мне. Это
Леший тебя надоумил, да? Всё-таки он у меня не
совсем идиот. Георгий! Тебе не сюда надобно. Ты
же русалку ищешь?

ЖОРА.
О чём я тебе и толкую!

ЯГА.
Ну, слушай.
Сообщаю по секрету:
Здесь твоей русалки нету.
Для русалки здесь не та
Атмосфера и среда.
А вот там, за косогором,
За густым сосновым бором
В царстве Грозного, царя —
Есть русалочка твоя.
Вся собою величава,
Выступает словно пава,
Речь как реченька журчит,
А во лбу звезда горит...

ЖОРА.
И на дереве сидит?

ЯГА.
И на дереве сидит!
Там она сидит покуда,
Что ж ты медлишь, чудо-юдо?
Запрягай мою избу!
Попытай свою судьбу!
Грозный царь — он с виду грозный,
Он соперник несерьёзный,
На покой ему пора.
Ну!
Ни пуха, ни пера!

ЖОРА.
К чёрту! Эй, куроногая! Трогай!

(Тронулись. Жора запел)

Я помню это чудное мгновенье,
Когда передо мной явилась ты...

(Уехал)

ЯГА.
Давай-давай, Русалочник! Сейчас тебе будет звезда
во лбу. Здоровая, лиловая. А русалочку я и без тебя
выловлю. Мне бы теперь рыбака какого-нибудь
попутным бы ветром занесло бы. О! О! Лёгок на
помине. *(Машет рукой наверх)* Эй! Эй! Давай сюда!

ГОЛОС КОРОЛЕВИЧА.
Не могу! Он сопротивляется!

ЯГА.
А ты ему бороду! Бороду ему отщипывай
помаленьку, он и снизится.

ГОЛОС КАРЛЫ.
Не надо! Не надо отщипывать! Ай! Ай!

(Сверху спланировали Карла с Королевичем на бороде)

КОРОЛЕВИЧ.
Вот, сударыня, спасибо!
А то этак авось–либо
И до Страшного суда
Не спустился б я сюда.

ЯГА.
А чего с ним церемониться? Это ж Черномор.
Его вся сила в бороде. Дерни как следует, он и
посыплется. Дай-ка сюда.

КАРЛА.
Не дёргай! Не дёргай меня!

(Яга дёрнула, оторвала бороду)

Оууу!

ЯГА.
Молчи, Карла дурацкая.

КАРЛА.
Оууу!

ЯГА.
Я что сказала? *(На бороду)* А то сожгу и пепел
развею.

КАРЛА.
Повыть я могу?

ЯГА.
Выть — вой. От этого большого вреда не будет. Ну-ка!

КАРЛА.
Оууу!

ЯГА.
И кроме этого — ни звука!

КОРОЛЕВИЧ.
Нет ли здесь какой ошибки
Иль заведомой фальшивки?
Я-то слышал: Черномор
Сторожит морской простор.
Тридцать витязей дозором
Ходят вместе с Черномором...
Он, я слышал, великан,
А не то что этот... ммм... таракан.

ЯГА.
Да нет, всё правильно. Тезки они. И этот —
Черномор, и тот — Черномор. Ну, небось знаешь,
как у людей: Александр Первый, Александр
Второй, Александр Македонский, а то и просто
Александр, без номера: Александр — ну, Сергеич,
например. Был такой. Без номера — а всех
обставил. Мне бы так. Ладно. Карлу я при себе
оставлю, а ты чего ищешь?

КОРОЛЕВИЧ.
Где-то здесь моя невеста,
Верх ума и совершенства:
Речь как реченька журчит,
А во лбу звезда горит.
Вот уж год, как мы с ней вместе.
Наш союз, сказать по чести,
Только крепнет с каждым днём.
Нам так весело вдвоём!
Мы гуляем, мы читаем...

ЯГА.
Ну, хорошо, хорошо. Что случилось-то?

КОРОЛЕВИЧ.
Этот вот пигмей проклятый,
С бородой своей крылатой,
У меня её украл
И куда-то подевал.
А когда ко мне попался,
Даже слушать отказался!
Даже прямо не глядит —
То бранится, то молчит.
Уж три дня мы с ним порхаем...

ЯГА.
Так. Ну, слушай. Что мы знаем:
Красну девицу твою
В нашем видели краю.
(Таинственно)
Здесь она у Черномора,
Не у этого, чумного,
А совсем наоборот:
У владыки здешних вод.

КАРЛА.
Оууу!

ЯГА.
Ишь! Подтверждает, мальчонка.
(Королевичу)
Невод мой рукою бодрой
Кинь, обшарь дворец подводный:
В нём томится, слезы лья,
Раскрасавица твоя.
Здесь угодия большие.
Размахнись-ка, друг, пошире:

Вдруг да с первого разА
Твоя девица-краса
В наши сети попадётся?
А сорвётся....

КОРОЛЕВИЧ.
Не сорвётся.
Океан переверну,
Но невесту я верну.

(Хочет закинуть невод)

КАРЛА.
Оууу!

ЯГА.
Не кричи под руку!

КАРЛА.
Оууу! Оууу!

ЯГА.
Ну, соловей! Ты с какой это радости распелся?

КАРЛА.
Оууу!

(Издали раздался голос ВОЛКА: Оууу! Оууу! Я здесь! Я идууу! Оууу!)

КОРОЛЕВИЧ.
Это он! Мой Волк! Мой Бурый!

ЯГА.
Так. А я-то дура дурой.
Распустила соловья.
Обхитрил, подлец, меня.
Воет, стонет, завывает —

А он волка зазывает!
(О Королевиче)
Ишь, нашёл себе дружка.

(Те же и БУРЫЙ ВОЛК)

Ну, пойдёт теперь тоска!..

КОРОЛЕВИЧ.
Здравствуй, Бурый! Здравствуй, друг!
Без тебя я как без рук.

ВОЛК.
Слава Богу! Наконец-то!
Заждалась тебя невеста
Там, у Грозного царя...

КОРОЛЕВИЧ.
Как у Грозного царя?!

ВОЛК.
Так. Вон там, за косогором,
За глухим сосновым бором,
Там красавица твоя,
За замками, за тремя.
Я их грыз — да мало толку.
Одному, хотя и волку,
Там не сладить без тебя.

КОРОЛЕВИЧ. *(Яге)*
Ну, какая ж ты змея!
Вот бессовестная баба!
Покраснела бы хотя бы.
Так обманывать людей
Ради выгоды своей!
Да ведь я бы сколько рыбы
За одно твоё спасибо
Просто так бы натаскал!

ЯГА.
Ну, морока!...Ну тоска!..

ВОЛК.
Поехали!

КОРОЛЕВИЧ. *(Садясь верхом на Волка)*
Ну, скажи, какая радость
Человеку делать гадость?
Неужель не тяжело
Причинять другому зло?
Как ты можешь? Я не знаю,
Я тебя не понимаю...

(Удаляется, качая головой)

ЯГА. *(Карле)*
Ну скажи мне, моя радость: ты зачем мне сделал гадость?

КАРЛА.
Отдай бороду, бороду отдай!

ЯГА.
Он мне будет гадости делать, а я ему бороду отдавать. Зачем Волка Бурого накликал?

КАРЛА.
Я не кликал — я плакал! Отдай бороду!

ЯГА.
Плакал он! Он плакал, а красавец этот всю меня обругал с ног до головы, хорошо до смерти не убил. Кто мне теперь русалочку поймает?

КАРЛА.
Оууу! Да ты, что ль, русалочку ловишь?

ЯГА.
А кого же ещё, рыбу, что ли? Я на неё и так смотреть не могу, мне её мой дурак каждый день вёдрами таскает. Давеча, в кои-то веки повезло: русалочку выловил, Черномора дочь. И отпустил! Представляешь? Сжалился! Она говорит: проси чего хочешь, а он — сжалился! И не попросил! Ну не дурак ли?

КАРЛА.
И ты теперь, стало быть...

ЯГА.
Не получается у меня! Кидаю, кидаю — а она не цепляет!

КАРЛА.
И ни разу? Ничего?

ЯГА.
Два краба, три медузы. Всё.

КАРЛА.
Кидать надо уметь.

ЯГА.
А ты можешь?

КАРЛА.
Бороду!

ЯГА.
Сначала зацепи!

КАРЛА.
Зацеплю, зацеплю. Бороду!

ЯГА.
Сначала зацепи!
(Карла кинул невод)

КАРЛА.
Тащи.

ЯГА.
Зацепило! Зацепило!

КАРЛА.
Бороду!

ЯГА.

(Швырнула ему бороду, Карла в неё завернулся и исчез)

Тянем- потянем.. .тянем- потянем... Ой, сорвётся!...
Ой, не вытяну! Леша! Лешенька! Где ты там?
Помоги!

(Вбежали Леший и Сашка, помогают)

ВТРОЁМ.
Эй, ухнем! Эй, ухнем! Ещё разик, ещё раз!
Подернем, подернем, да ууу...

ЯГА.
Ой! Это не русалка! Какая же это русалка? Ой!
Опять Карла проклятый надул! Ой, я боюсь!
Лешенька!

ЛЕШИЙ.
Всё! Уходим! Бросай невод, Сашка! Пропадёшь!

САШКА.
Да ты что? «Бросай»! Ты смотри, кто нам попался!
Эй, ухнем! Ещё разик!

ЛЕШИЙ.
Сейчас будет тебе разик! А то и два! *(Яге)* Бежим!

ЯГА.
Бежим, Лешенька! Только недалеко...

(Прячутся в кустах)

САШКА.
Сама пойдёт, сама пойдёт... сама пошла. Ничего себе русалочка...

(Из моря, отцепляясь от невода, выходит ЧЕРНОМОР. Смотрит на САШКУ сверху вниз)

ЧЕРНОМОР.
Зачем, пришлец, ты пОзвал нас?

У ГРОЗНОГО ЦАРЯ

ЦАРЬ.
Я державой русской правил,
Пол-Сибири к ней прибавил,
Бил литовцев и татар,
Не щадил своих бояр.
Сколько я извёл народу,
Сосчитать не хватит году.
Стоит бровью мне повесть,
Дрогнет каждый кто ни есть.
(Показывает на темницу)

Лишь она дрожать не хочет,
Нос воротит, слёз не точит,
Чем я только ни грожу,
Сколько бровью ни вожу!

Ну да ничего. Оно и чести больше — такую девицу покорить. Малюта!

(Входит МАЛЮТА)

Взгляни на дорогу, не едет кто? Должен ехать, должен. Королевич, жених её. Малый, говорят, упорный — люблю с такими повозиться!

МАЛЮТА.
Едет! Едет, батюшка-царь!

ЦАРЬ.
Вот молодец! Добрался. И как едет — на коне аль в карете?

МАЛЮТА.
На избе едет.

ЦАРЬ.
Как на избе? На какой-такой избе?

МАЛЮТА.
Да на плохонькой, даже окошек нет.

ЦАРЬ.
А изба-то на чём?

МАЛЮТА.
Своим ходом чешет.

ЦАРЬ.
Не похоже на королевича.

(Те же и ЖОРА верхом на избе)

ЖОРА. *(Поёт)*
Прибежали в избу дети, второпях зовут отца:
«Тя-тятя-тятя-тятя-тяламца-дрица ум-ца-ца!»
Ой, вы гой еси добры молодцы, и кто же из вас
будет грозный царь?

ЦАРЬ. *(Злобно)*
Он ещё спрашивает! Нет, это не королевич *(Притворно)* Милок! Откуда царь в такой глуши? Это вот Малюта, живодёр, каких свет не видывал, а я — чернец недостойный Ивашка. Живём, росой умываемся, малиной питаемся, помалу грешим, понемногу каемся. А царь тебе зачем?

ЖОРА.
Есть бизнес небольшой.

ЦАРЬ.
Кто небольшой?

ЖОРА.
Бизнес. Ну, проект. Как же это по-русски, Господи? Дело.

ЦАРЬ.
Дело у него к царю. Ты из каких же будешь, боярин? Из Шуйских? Или Воротынских?

ЖОРА.
Я вообще из Мытищинских.

ЦАРЬ.
Смерд презренный, вот ты кто. Дело у него.

ЖОРА.
Батя, не понял. Кто я?

ЦАРЬ.
Прости, боярин, прости Ивашку недостойного, не вели казнить, вели слово молвить — царя-то, Грозного, по имени не помнишь ли как звать?

ЖОРА.
Иваном, вроде бы.

ЦАРЬ.
Иванов много, я вон тоже Иван — а по отчеству?

ЖОРА.
По отчеству?

ЦАРЬ.
Не знает, как Ивана Грозного по отчеству. А по номеру, может, помнишь? Ну, который Иван Грозный-то был? Первый, второй, десятый? А? Нет, Малюта, ты видел? Ничем их не проймёшь. Мало я их гноил, забыли, напомнить надо бы.

ЖОРА.
Батя! Ты чего прицепился-то ко мне? Мне же не ты нужен, а царь.

ЦАРЬ.
А вот я его тебе сейчас и представлю. Малюта!

(МАЛЮТА обхватил ЖОРУ, прикрыл ему глаза, затем открыл — перед ним стоит ЦАРЬ в полном облачении)

Ну!?
(МАЛЮТА ставит ЖОРУ на колени)

Ну?!

(МАЛЮТА бьет ЖОРУ по заду)

ЖОРА.
Это... значит... Ваше благородие... Гой еси на небеси...

МАЛЮТА.
Не так! Не так! Повторяй за мной, смерд!

(ЖОРА повторяет)

Благодарствуй, царь Иван Васильич!
Всея Руси самодержец!
Князь Тверской,
И прочая, и прочая, и прочая!

ЦАРЬ. *(Грозно)*
Я, Иван Васильич Грозный,
Царь решительный и грозный,
Объявляю: оный пёс
Есть лазутчик и прохвост,
Басурманский соглядатай,
Еретик, колдун треклятый,
Ибо лишь под колдуном
Избы ходят ходуном.
Посему об этом смерде
Приговор: повинен смерти.
В кипятке сварить его!
Но сначала — сверх того:
Всыпать ему десять горячих! Ан нет — калеными
щипцами его за уши! Ан нет — батогов ему по
голым пяткам! Ан нет — скорпионов ему полные
штаны!

(Вдали раздаётся серенада: «Я здесь, Инезилья!»)

Так. Всё запомнил? Завтра пропишешь ему всю
программу полностью, а пока — в яму его!

(МАЛЮТА сбрасывает ЖОРУ в яму)

Ну, вот и королевич. Вот и жених. Дождался я. Я с
ним такое сделаю, такое! Она мне сразу покорится.
Ну-ну. Заходи, милок, заходи, не бойся.

(Стремительно входит КОРОЛЕВИЧ)

КОРОЛЕВИЧ.
Царь Иван Васильич Грозный!
Ваш характер одиозный
Прогремел на целый свет.
Вас терпеть — терпенья нет!
Заточили царь-девицу
В свою грязную темницу!
Некрасиво, государь:
Вы же царь, а не дикарь!

ЦАРЬ. *(Хрипит от злобы)*
МА-ЛЮ-ТА!!!

(МАЛЮТА было двинулся — но его перехватил ВОЛК и полностью обезвредил)

КОРОЛЕВИЧ. *(Наступая на ЦАРЯ и даже похлопывая его по щекам)*
Да, хоть монарх вы безусловный,
Вы — преступник уголовный:
И вините без суда,
И казните без труда.
Из-за чёрной вашей злобы
Вы весь мир сгноить готовы,
И в темницу-то как раз
Нужно вас! вас! вас!

ЦАРЬ.
Малюта!!!

МАЛЮТА. *(Хрипит)*
Что — «Малюта»?! Что Малюта?! Ведь это же не зверь, а какой-то монстр!

КОРОЛЕВИЧ.
Ключи!

(МАЛЮТА подаёт)

Да, злодей вы легендарный,
Нрав и вид у вас кошмарный,
Но для сказочных людей
Слишком злобный вы злодей.
Ну-ка, марш в темницу оба!
За железными дверьми
Либо вас задушит злоба,
Либо станете людьми.

*(Отпирает темницу. ВОЛК запихивает в неё
злодеев. А из темницы на свободу появляется
ЦАРЬ-ДЕВИЦА)*

ДУЭТ

(ЦАРЬ-ДЕВИЦА и КОРОЛЕВИЧ)

— Друг сердечный, здравствуй, здравствуй!
Королевич мой прекрасный!
Здесь, в тюрьме моей томясь,
Как тебя я заждалась!

— Друг сердечный, ангел милый!
Образ твой, навек любимый,
Разгоняя ночи мрак,
Был всегда надежды знак!
(ОБА)

Ни в лесу, ни в бурном море
Нет преграды для любови.
Буря, хищник и злодей —
Все отступят перед ней!
Ибо нет сильнее власти,
Чем огонь сердечной страсти,
Ибо только в ней одной
Тайна радости земной!

(Сели на ВОЛКА и унеслись вдаль)

ЖОРА. *(Из ямы)*
Эй! Эй! *(Слышно, как кряхтя пытается выбраться наружу)* Куда... куда... куда вы удалились...
(Высунулся) Никого... А меня-то и забыли... Эй!
(Падает)

Пауза.

(Появился КАРЛА с бородой. Огляделся)

КАРЛА.
Так. Ясное дело. Упустили Царь-девицу.
Прошляпили красавицу. Ну и с чем же мне к
Кощею лететь? А с ними и полечу. Пускай сами
объясняются.

(Отмыкает темницу)

По одному пять шагов вперёд — марш!

(ЗЛОДЕИ вышли)

Друг друга обнять! Глаза закрыть! Разговорчики
— отставить! Шаг влево, шаг вправо — бросаю без
предупреждения.
(Обвивает бородой)

Три... два... один... музыка!

*(Звучит «Полёт шмеля». КАРЛА со злодеями
взвивается в воздух)*

ЦАРЬ.
Погоди! *(Завис над ямой, где томится ЖОРА)*

Тьфу! хе-хе-хе!

(Улетели)

КОНЕЦ ПЕРВОГО АКТА

АКТ ВТОРОЙ

У МОРЯ

ЧЕРНОМОР.
Зачем, пришлец, ты позвал нас?
Отвлёк от нашей думы грустной?
Ответствуй нам и свой рассказ
Не порти ложью неискусной.

САШКА.
Я ищу русалку... Она... это... которая на ветвях
сидит.

ЧЕРНОМОР.
Как? Ты не говоришь по-лукоморски?

САШКА.
У Лукоморья, слышал я,
Среди ветвей живёт русалка,
Ну, как ворона или галка...

ЧЕРНОМОР.
Молчи. Противна речь твоя.
Из уст в уста перелетая,
Всё исказит молва людская.
Русалка эта — дочь моя.
Нас разлучил недавно с нею
Проклятый Карла, тёзка мой.
Обвив волшебной бородой,
Унёс её к царю Кощею.
Там, в чудный сон погружена,
В подводном гроте спит она
На ложе из ветвей коралла.
Вот на каких она ветвях!

САШКА.
Вот на каких ветвях она!..
А велика ли глубина?

ЧЕРНОМОР.
Попасть туда надежды мало:
Все подступы закрыты к ней,
И знает их один Кощей.

САШКА.
Да... видно, дочка хороша,
Коль так судьба её несчастна.

ЧЕРНОМОР.
Она не хороша — прекрасна!
В ней всё — и облик и душа
Венец творенья, перл природы!

САШКА.
Так чем же горю-то помочь?
Что ж, так и будем день и ночь
Сидеть, у моря ждать погоды?

ЧЕРНОМОР.
К Кощею дороги нет.

САШКА.
Но ведь дочь твоя — там.

ЧЕРНОМОР.
Проклятый карла, тёзка мой...

САШКА.
Ну?..

ЧЕРНОМОР.
Чтобы я, Черномор, попросил у этого негодяя...

САШКА.
Негодяя просить бесполезно. Но с ним можно торговаться.

ЧЕРНОМОР.
И что же ты ему хочешь предложить?

САШКА.
Я!?... Гм... разве что собрание сочинений. Хотя вряд ли это его заинтересует. А что, ваше величество, у вас — неужели ничего не найдется? Всё-таки ваши владения значительно обширнее моих.

ЧЕРНОМОР.
Чтобы я, Черномор, этому ничтожеству, этому самозванцу...

САШКА.
Почему самозванцу? Нет, тут не самозванцу — тут самому Кощею надо что-то такое показать, чтобы у него дух захватило, и не отпускало. Пока русалочку не вернёт. Что-нибудь особенное.

ЧЕРНОМОР.
Есть, есть сокровище такое...

САШКА.
Ладно, ладно, говорите нормально.

ЧЕРНОМОР.
В моём узорчатом дворце
Хранится небывалый жемчуг:
Мечта царей и грёза женщин,
В резном двустворчатом ларце.
Тот жемчуг рос из года в год,
Питаючись зимой и летом
То солнечным, то лунным светом

Сквозь толщу изумрудных вод.
И вот за несколько веков
Он стал морей звездою влажной,
И я нашёл его однажды.
И драгоценный мой улов
На мраморно-лазурном ложе,
Созданье Солнца и Луны,
Сияет за стеклом волны
В ларце двустворчатом. И всё же,
Хотя и нет ему цены,
Мне доченька моя дороже.
Возьми его.

(Во время речи Черномора вносят ларец.
САШКА бережно принимает ларец)

С-САШКА.
Да будет так.
Пусть этот жемчуг благородный
Звездой мне станет путеводной
И навсегда рассеет мрак!
Во, братцы, выражаюсь как!..

ЧЕРНОМОР.
Когда бы я в честнОм бою
Решал свой спор с царем Кощеем,
Я на него всю мощь свою
Обрушил бы — и прах развеял.
Но честный бой — не для злодея.
А хитрый торг не для меня,
И здесь, увы, бессилен я.
Прощай. Не выразить словами,
Как буду ждать я встречи с вами!

(Удаляется)

САШКА.
Так. Честный бой невозможен, а хитрый торг
— это как раз для меня. Всю жизнь мечтал...
Жемчугами торговать. *(Смотрит в ларец)* Господи,
красота-то какая!.. Русалочка — да ты того стоишь
ли?..

(Подходят ЛЕШИЙ и ЯГА)

ЯГА.
Да... во всём мире таких денег нет, этот камушек
купить. А вещь-то, между прочим, наша.

ЛЕШИЙ.
Женщина! Опомнись!

ЯГА.
А что? Невод наш, тащили вместе...

ЛЕШИЙ.
Вот ты бы и сказала Черномору: дескать, извини,
промахнулись, мы не тебя — мы твою дочку
ловили.

ЯГА.
Да уж лучше бы я её выловила, чем эта Карла
бородатая. Всё-таки поближе к отцу. Денёк-другой
подержала бы её да и отпустила. За небольшую
сумму. Ему это раз чихнуть, а мне год жизни.
(Отходит, складывает невод)

САШКА. *(Лешему)*
Слушай, а где Жора? Русалку у Кощея торговать —
это скорее его дело, чем моё.

ЛЕШИЙ.
Спросить у неё? Он ведь к ней поскакал, на курьих-
то ножках.

САШКА.
Да нет, не стоит. Моё это дело, моё. А не Жорино. А вот лучше я её спрошу... Как звать-то её?

ЛЕШИЙ.
Известно как: Баба Яга. Ну, ещё можно: Ягуша... Ягодка.

САШКА.
Хозяйка! Ты не знаешь, как мне Карлу-то этого найти, с бородой-то?

ЯГА.
А чего его искать?
Куды хошь поди да встань,
Старый гривенник достань,
Ну и каркни раза два:
«Карла! Карла! Подь сюда!»
И сейчас же сей минут
Карла будет тут как тут.

САШКА.
Ну, была не была. Значит, говоришь: поди да встань. Пошёл. Встал.

ЯГА.
Ты, что ль, правда к Кощею за русалочкой собрался?

САШКА.
Риск большой, понимаю. Эх! Хоть бы она и правда, красавицей оказалась! Чтоб рисковать легче было.

ЛЕШИЙ.
Красавица, красавица. Кощей некрасивых не крадёт.

САШКА.
Всё. Тишина. Вызываю извозчика. *(Поднял ларец)* Карла! Карла! Подь сюда! Карла, Кар...

(Торжественный выход Карлы с бородой)

КАРЛА.
Зачем, пришелец, позвал ты меня сюда сейчас?

САШКА.
Послушай, Карла...

КАРЛА.
Я — Черномор!

САШКА.
Ну, хорошо, Черномор. Так сказать, Черномор Второй.

КАРЛА.
Почему второй? Первый! Это тот, водяной Черномор, второй, а первый — я! Черномор Долгобородый! А тот — второй, водяной, обыкновенный Черноморишко.

САШКА.
Тот — хозяин самостоятельный.

КАРЛА.
Я тоже хозяин! Я тоже самостоятельный!

САШКА.
Ну, какой ты хозяин. Ты у Кощея на побегушках.

КАРЛА.
Кто на побегушках? Я — на побегушках? У кого на побегушках? У Кощея? Ну и что? Мне нравится.

САШКА.
Людей тащить к Кощею без спросу?

КАРЛА.
Ты зачем меня звал, добрый молодец? Ругаться я и сам умею.

САШКА.
Зачем звал… Да затем и звал: тащи меня. К Кощею своему.

КАРЛА.
С пустыми руками?

САШКА.
С полными, с полными. *(Показывает ларец)* Этого хватит?

(Пауза. КАРЛА в обомлении)

КАРЛА.
Этого — хватит. Ну, парень, держись.

(Обвивает САШКУ бородой, и они исчезают)

ЛЕШИЙ.
Ну, всё. Хоть, наконец, ты угомонишься.

ЯГА.
Думаешь, вернётся?

ЛЕШИЙ.
Это как повезёт.

ЯГА.
Вряд ли. Кощей есть Кощей. Бррр… Как подумаешь, и то дрожь берёт. Надо же! Из-за чьей-то дочки собственной головой так рисковать.

ЛЕШИЙ.
Ну, что ж... Королевич, вон, тоже ради своей
красавицы три дня на бороде у Карлы мотался.

ЯГА.
А ты бы ради меня к Кощею небось не поехал?..

ЛЕШИЙ.
К Кощею? Ради тебя? Да уж поехал бы.
Ой, Яга моя, Яга, Яжевичка!
Ой, бедова голова, бестолкова!
Что ты носишься повсюду как птичка?
Отдохнула бы чуток, право слово.
Ну-ка сядем в твою быструю ступу,
Да забудем про царя про Кощея,
Да поедем к лукоморскому дубу,
Да послушаем Кота Котофея
(Вдвоём)
Мой миленький дружок,
Мой нежный голубок,
О ком я воздыхаю...

ЯГА.
А может, вернётся. Привезёт мою русалочку,
выпустит в синее море, и возьму я опять свой
невод...

ЛЕШИЙ.
Может, выпустит, а может, и упустит. Ежели дружок
его постарается...

ЯГА.
Какой ещё дружок?

ЛЕШИЙ.
Ну, тот! Которому русалка для цирка нужна.

ЯГА.
Так этот русалочник... как его? Победоносец этот,
Георгий — его друг?

ЛЕШИЙ.
Ну? Он же к тебе давеча направился, на курьих
ножках — неуж не доехал?

ЯГА.
Так он, стало быть, его друг... Где моя ступа?

(Свистит, ступа тут как тут)

И ты молчал!

ЛЕШИЙ.
Да куда же ты, Яженька?

ЯГА.
Лешенька! Я знаю куда! *(Помчалась)*
Мчатся тучи, вьются тучи,
Ветер, поле, огоньки,
А я мчуся ещё лучше
С ветром наперегонки!
Кому золото для счастья,
Кому терем-теремок —
А мне лишь бы мчаться, мчаться,
Обгоняя ветерок!

У ГРОЗНОГО ЦАРЯ

ЯГА.
Мчатся тучи, вьются тучи, ветер, поле, огоньки.
А я мчуся ещё лучше с ветром наперегонки!
Кому золото для счастья, кому каменный дворец,
А мне лишь бы мчаться, мчаться, и примчаться
наконец!

(Примчалась к разорённому хозяйству Грозного царя. Осматривает местность)

Фу... фу... здесь русский дух... здесь Русью пахнет... фу... фу... так-так... Это у нас Грозный царь. Это Малюта. Это Королевич. Тут они малость поцапались. Ай, молодец королевич! А дальше? Дальше след теряется... как сквозь землю провалились... может, и в самом деле? Теперь вынырнут где-нибудь в Австралии. Ну, эти, ясное дело — на своём волке убрались, свадьбу, небось, играют. Ну, а русалочник мой где же? Так... так... вот он! *(Над ямой)* Эй, парень! Живой, нет? Живой, смотри-ка. Ну? И надолго ты сюда? Ага, соскучился. *(Бросает верёвку)* Ну, давай, давай, красотка, не бойсь, на свет божий объявись!

(Вытащила ЖОРУ, и он немедленно пошёл в злобе на неё, размахивая кулаками. ЯГА отскакивает)

Эй! Эй! Ты что? Я же Баба Яга! Я ж тебя сейчас в комара превращу и пальцем раздавлю!

(ЖОРА остановился)

ЖОРА.
Ведьма!!!

ЯГА.
Не отрицаю.

ЖОРА.
Гадюка болотная!!!

ЯГА.
Это неточно, хотя и близко.

ЖОРА.
Карга старая!

ЯГА.
А вот это злостная клевета.

(Схватила ЖОРУ за грудки)

Извиняйся! Извиняйся, а то в комара!

ЖОРА.
Извиняюсь...

ЯГА.
То-то! Я его из ямы вытащила, а он оскорбляет!

ЖОРА.
А кто меня в яму втащил? Кто Ивану Грозному подставил?

ЯГА.
Ладно, ладно. Я подставила, я и отставила. А тебе наука! А то доверчивый чересчур. А если б я тебя к Кощею отправила? От него так просто не выберешься. У него знаешь, какие ямки? Дна не видать. Да перед каждой — дракон трёхголовый. Да на каждой голове — пасть метр на метр. Да в каждой пасти зубов сто штук.

ЖОРА.
А накой мне вся эта арифметика?

ЯГА.
А на той! Русалочка-то твоя — у Кощея.

ЖОРА.
Опять лапшу вешаешь?

ЯГА.
Егорий! Пора уж тебе различать, когда я лапшу
вешаю, а когда — чистую правду. Когда уши
отряхать, а когда и растопыривать. Так вот сейчас
растопырь их, пожалуйста, пошире.
Там, на острове Буяне,
У Кощея, но не в яме,
А на дне морских зыбей,
Меж коралловых ветвей,
В гроте сказочном укрывшись
И волшебным сном забывшись
За замками четырьмя
Спит русалочка твоя.
Для обычного народа
К ней ни доступа ни входа,
Я — и то не доберусь,
Хоть вороной обернусь.

ЖОРА.
Ну, и что же остаётся?

ЯГА.
Может, друг твой доберётся.

ЖОРА.
Кто — Сашка?

ЯГА.
Хоть, правда, он не богатырь.... Поближе ухо
растопырь.

(Шепчет ЖОРЕ на ухо)

У КОЩЕЯ

КОЩЕЙ.
Эй, Ванька! Эй, Малютка! Где вы там?
Не дозовёшься вас, собачьи дети.

(Вбежали ГРОЗНЫЙ и МАЛЮТА, хлопочут около)

Подай мне посох. Кресло пододвинь.
Ты хорошо гонял своих холопей —
Я тоже их гоняю хорошо.
Однако чую: к нам сегодня гости.
С подарками. А это я люблю.
Малютка! Ванька! Приглашайте, кто там.

(Ввели КАРЛУ и САШКУ)

КАРЛА.
Здравствуй, здравствуй, царь могучий!
Я опять к тебе с добычей.
Вот к сокровищам твоим
Принимай ещё одно.

КОЩЕЙ.
Ладно, Карла, помолчи, не позорься. Складно
говорить ты не умеешь. *(САШКЕ)* А ты?

САШКА.
Мы все учились понемногу чему-нибудь и как-
нибудь. Выхожу один я на дорогу. Сквозь туман
блестит кремнистый путь.

КОЩЕЙ.
Умеешь. Добро. С чем пожаловал, добрый молодец?

САШКА.
У тебя есть младая русалка... У тебя в плену
томится...
В твоём плену русалка молодая,
Родная дочь хозяина морского.
Я с выкупом за ней.

КОЩЕЙ.
И это всё? Каков же выкуп?

САШКА.
Вот он.

КОЩЕЙ.
Погоди:
Я говорю: каков быть может выкуп,
Когда купец товара не видал?
Что у тебя? Быть может, чудо света?
Но у меня-то, может, тоже чудо,
Причём дороже втрое, чем твоё?
Пойдём, купец, посмотришь на неё.

*(Музыка. КОЩЕЙ приводит САШКУ в подводный
грот, где на ветвях коралла спит РУСАЛКА)*

САШКА. *(Смотрит на неё)*
«Русалка на ветвях сидит»... Русалка на ветвях
коралла... покоится в объятьях сна... волшебного...
Вот надо было как!
В подводном гроте... на ветвях коралла
Русалочка... Ай, Сашка, молодец!
Всё угадал. И Лешего с Кощеем,
И Волка с Черномором! А детали
На то и есть, чтоб их перевирать.
Но главное — всё точно. Одного лишь
Не угадал: что я её увижу —
И до смерти влюблюсь. Точнее, на смерть.
Точнее: полюблю себе на гибель.
На гибель, точно... Как она прекрасна!
Её разбудит поцелуй любви.
И я — я, Сашка! — медлю с поцелуем?
А потому и медлю, что я — Сашка,
А не какой-то ярмарочник Жора...
Спи, милая... Сейчас пойдут торги,
А в них тебе участвовать не надо.
Кощей! Она прекрасна.

КОЩЕЙ.
Ты считаешь,
Что выкуп твой товару равноценен?

САШКА.
Как посмотреть. Что нужно ювелиру?
Всё это можно взвесить и измерить
И до копейки точно оценить.
Но чем измерить красоту живую?
Полёт бровей? Сияние улыбки?

КОЩЕЙ.
И ты считаешь?...

САШКА.
Каждому своё.
Возьми мой выкуп. Ты не прогадаешь.
Жемчужина морей! Названье это
Для них обеих равно справедливо:
Возьми свою жемчужину — а той
Верни скорей свободу — ведь иначе
В неволе красота её поблёкнет,
И, значит, вдвое прогадаешь ты.
Возьми!

(Музыка «Не счесть алмазов...».
САШКА протягивает КОЩЕЮ открытый ларец)

КОЩЕЙ.
Да, это камень добрый. Так пойдем
Приищем ему должное местечко
Среди моих сокровищ. Вот они.

(КОЩЕЙ вводит САШКУ в подземелье. Вспыхивают
бесчисленные богатства)

Смотри, смотри. Здесь серебро и злато
От всех племен народов всех времен.

Да, да: мне много лет и я бессмертен.
Всегда есть время выждать случай свой,
И что-нибудь ещё сюда прибавить.
И есть такое, чему нет цены.
Вот, например: меч короля Артура;
Праща Давида; Лук Вильгельма Телля;
Вот скатерть-самобранка от Лукулла
(Ты, может, помнишь — был такой гурман).
Вот шапка-невидимка: это вещь
Гаруна-аль-Рашида. Вот ковёр
Летающий... А, может быть, и нет.
Не знаю, я не пробовал. Нет нужды.
Мне незачем летать. Все эти вещи
Нужны мне лишь затем, чтоб сознавать,
Что это всё моё! Моё! Моё!
С меня довольно этого сознанья.
Бессмертен я, всевластен и богат.
Сам Ванька Грозный у меня в холопях!
И ничего нет злее для меня,
Как мысль о том, что есть ещё богаче.
Как твое имя?

САШКА.
Сашка. Александр.

КОЩЕЙ.
Так вот что, Александр. Ты этот жемчуг
Вернёшь отцу. И объяснишь при этом,
Что он меня ужасно оскорбил.
Он повелитель всех морей, а значит,
Хозяин дна морского. Обладатель
Всех трюмов всех погибших кораблей,
Галер, фрегатов, шлюпов, галионов,
Битком набитых всяческим добром,
И в том числе и жемчугом отборным,
Где этот камень — лишь один из многих!

И он мне из такого урожая
Шлёт зёрнышко? Одно? За дочь свою?
От пирога отщипывает крошку?
От пиршества — обглоданную кость?
Нет: я учёный. Знаю хорошо:
Есть на земле четыре океана.
Так пусть же он обшарит все четыре
И весь улов к ногам моим снесёт!
Тогда я, может, дочь ему верну.
Ступай!

*(ГРОЗНЫЙ и МАЛЮТА выкидывают САШКУ вместе
с ларцом. САШКА лежит ничком. К нему боком
подходит КАРЛА. Пытается вытащить ларец.
САШКА хватает его за руку)*

КАРЛА.
Отдай, отдай.

САШКА.
Что, нравится камушек?

КАРЛА.
Отдай, отдай!

САШКА.
С какой стати?

КАРЛА.
Кощею он не нужен, а без меня ты отсюда не
выберешься. Отдай.

САШКА.
Отдам. *(Вскочил)* Карла! Жемчуг твой. Окажи мне
только одну малюсенькую услугу.

КАРЛА.

Ой, ненавижу я этот базар! Ты мне — я тебе, ты мне — я тебе. Никто даром работать не желает. Ну что, что тебе от меня надобно?

САШКА.

У Кощея в подземелье понравилась мне одна шапочка. Кощею она не нужна, он сам сказал. А мне бы пригодилась. А? И жемчужина твоя.

(КАРЛА одну за другой выкладывает перед Сашкой разные шапки)

КАРЛА.
Эта? эта? эта? эта?

САШКА.
Она!

КАРЛА.
Зачем она тебе?

САШКА.
Тебе какая разница?

КАРЛА.
Скажи, скажи. За такую жемчужину — и такую шапку? Она волшебная, да?

САШКА.
Волшебная.

КАРЛА.
Ну, я так и знал. Лучше я сам её надену.

САШКА.
Кто её наденет, тот пропадёт.

КАРЛА.
Как?!

САШКА.
Так. Был человек — нет человека.

КАРЛА. *(Швыряет шапку)*
Предупреждать надо. Жемчуг давай! Ну! *(Хватает ларец)* И кому же ты эту шапочку приготовил?

САШКА.
Далеко ходить не надо.

(Надел шапку и исчез)

КАРЛА.
А? Что? Где? Обманул! Обманул! Отдай! Отдай! Забери свою жемчужину, жулик! Накой она мне?! С такой шапкой у меня сколько хочешь будет чего хочешь! Не хочу меняться! Отдай! УУУУУ!

(На крик прибежали ГРОЗНЫЙ с МАЛЮТОЙ)

ЦАРЬ.
Почто ревёшь, Карла неразумная?

КАРЛА.
Ванька ты, Ванька и есть. Как же мне не плакать? Гость ваш Сашенька — вор оказался! Обокрал дочиста!

ЦАРЬ.
Тебя, что ли?

КАРЛА.
Меня? У меня красть нечего. А вот у Кощея волшебную шапочку он увёл! Ищи его теперь.

МАЛЮТА.
Найдём, куда он денется.

КАРЛА.
А куда захочет, туда и денется! Шапка-то —
невидимая!

(Те же и КОЩЕЙ)

КОЩЕЙ.
Наш гость похитил шапку-невидимку?
И вы — стоите? А русалка — там?
Марш к ней! Иначе он тут всё похитит!

*(ЦАРЬ с МАЛЮТОЙ кинулись наверх. КАРЛУ КОЩЕЙ
придержал)*

А ты постой. Я вижу по глазам,
Что дело тут нечисто. Похититель
Один бы не управился. Я знаю.
Ты меня предал. Ты ему помог.

(Вынул из-за пазухи у КАРЛЫ жемчуг)

Ах, Карла, Карла. Чистая душа.
Ну что бы потерпеть? Я полный короб
Таких камней насыпал бы тебе.
Но кажется — мечтать об этом поздно.

*(Музыка. КОЩЕЙ смотрит на небо. Появились
с виноватым видом МАЛЮТА с ЦАРЁМ, тоже
смотрят)*

Летят... А мой летающий ковер
Ещё летает. Ещё как летает!
Эх, Карла, Карла, глупенький ты мой...

(Отрывает КАРЛЕ бороду)

Предателя в темницу заточить.
И ежедневно подбородок брить
С утра и на ночь самой ржавой бритвой!

(ЦАРЬ и МАЛЮТА уводят КАРЛУ)

Не думай, друг, что ты такой уж хитрый.
Я, царь Кощей, не зря над златом чахну:
Ведь что ни год, его всё больше, больше,
И, стало быть, когда-то свой черед
Дойдёт и до сокровищ Черномора.
Всё будут здесь! А я не тороплюсь.
Я подожду. Ведь я — Кощей Бессмертный...

У МОРЯ

(На берегу рядом со спящей РУСАЛКОЙ сидит САШКА)

САШКА.
Вот мы и дома. Скоро твой отец.
Появится из моря нам навстречу.
Со всей своей дружиной. Час настал
Будить тебя. Но как же мне решиться?
Ведь ты, едва очнувшись ото сна,
Себя увидев дома, на свободе,
Потянешься, вздохнёшь, и засмеешься,
И навсегда исчезнешь с глаз моих!
И я тебя уж больше не увижу!
Мне эта мысль уже невыносима...
Но если ты, очнувшись ото сна,
Почувствуешь, как я тебя люблю,
И загоришься пламенем ответным —
Мне эта мысль гораздо тяжелей...
Ты для своей стихии рождена.
Я — для своей. Нам вместе не бывать.

Ты задохнёшься на моих просторах,
Как я в твоих пучинах задохнусь.
Нет, лучше уж тебе меня не знать,
Чем тосковать, как я, о невозможном.
Глядеть как я: гляжу не нагляжусь.
И так боюсь, что ты вот-вот проснёшься!

(Появляется ЖОРА)

ЖОРА.
А зачем? Не надо. Потом разбудим.

САШКА.
Ярмарочник. Жора. Только тебя здесь и не хватало.

ЖОРА.
Саш, а какие проблемы? Ты не хочешь с ней
расставаться. Ну, и не расставайся. У ней же будут
все условия. Морской аквариум десять на десять.
Вода проточная с подогревом. Питание, прислуга.
Работы никакой. Ну, если захочет — споёт что-
нибудь или стишок расскажет. Ты же его и
сочинишь.

САШКА.
В неволе она погибнет, Жора.

ЖОРА.
От таких условий никто ещё не умирал. Ты что?
Десять на десять, с подогревом?

САШКА.
Её отец не отпустит.

ЖОРА.
А ему знать необязательно. Пускай все останется,
как было: дочь у Кощея, доступ практически
невозможен, всё. Поехали, Саня, поехали.

САШКА.
Да ты хотя бы взгляни на неё.

(ЖОРА подошёл, взглянул. Помолчал. Отвёл САШКУ в сторону)

ЖОРА.
Да-а... Ты прав... Слушай... Ведь отец за неё большие бабки даст!

САШКА.
Жора!... Жора... Она останется здесь, Жора. А ты, Жора, вали отсюда, Жора. Твоё присутствие оскорбительно для Лукоморья.

ЖОРА.
Саня... Ты, наверно, не понимаешь. Мне плевать на Лукоморье. У меня командировка. У меня задание. И я его выполню.

САШКА.
Только через мой труп, Жора.

ЖОРА.
Ну, если другого выхода нет...

САШКА.
Значит, будем стреляться.

ЖОРА.
Что-о-о?! Стреляться?! Ну, блин, ты поэт.

(Оглянувшись, вынул нож и одним ударом убил САШКУ. Нож выкинул. Постоял над САШКОЙ. Пошёл за РУСАЛКОЙ. А там — ЯГА)

ЯГА. *(Всхлипывает)*
Ну, надо же! А? Ну, надо же!..

ЖОРА.
Что такое?

ЯГА.
Хорошенькая какая!.. Ведь это прелесть одна да и
только!.. Егорий! А? Ты понял теперь, почему её
Леший отпустил? Нет, ты понял?

ЖОРА.
Ты меня на «понял» не возьмёшь.

ЯГА.
Балда ты, Егорий. Или ты её не видел?

ЖОРА.
Почему? Видел.

ЯГА.
Ну?..

ЖОРА.
Что «ну»? Что — «ну»?!

ЯГА.
А то, что красоту такую красть невозможно, вот
что «ну»! Ну, была бы она дура злая или жаба
ядовитая — другое дело. А такую прелесть — в
клетку сажать... Я, конечно, ведьма, но всё же — не
Кощей, нет, не Кощей. Где он, друг-то твой?

ЖОРА.
Причём тут Кощей?

ЯГА.
Я говорю, где твой друг? Сашка где? Ты его встретил? Отвлёк? Уболтал? Усыпил? Ну, как мы договаривались.

ЖОРА.
Ну!

ЯГА.
Что «ну»? Что «ну»? Буди его.

ЖОРА.
Сама буди! Что за базар, блин горелый! Обо всём же договорились! Сама буди! «Красота, красота...» Конечно, красота! А как же! Жабу ядовитую никто покупать не станет! В чём проблема, я не понимаю! Ну, будет она здесь со своей красотой пропадать... Ни она никого не видит, ни её никто. А там? Десять тыщ человек народу каждый день, одного шоколаду накидают вагон, портреты во всех газетах, кино, телевидение — ты что?! И всего делов — немного поныряла, маленько поплавала, ручонкой махнула раза два — всё! Так нет же: «Только через мой труп, только через мой труп!..»

ЯГА.
Да ты, что ли, его до смерти убил? *(Смотрит на САШКУ)* Батюшки-светы! Да он его до смерти убил. Леша!... Лешенька! Он Сашку, друга своего, до смерти убил!..

(Те же и ЛЕШИЙ)

ЛЕШИЙ.
Что?.. Ты Сашку убил? Эй! Люди! Он Сашку нашего убил!

(ЭХО: «Сашку убили... убили Сашку...»)

(Те же и КОРОЛЕВИЧ, ЦАРЬ-ДЕВИЦА и БУРЫЙ ВОЛК)

КОРОЛЕВИЧ.
Что такое? Быть не может?

ДЕВИЦА.
Даже стыд его не гложет?

ВОЛК.
Прям как подвиг совершил!

ВТРОЁМ.
Сашку нашего убил!

(Те же и ЧЕРНОМОР с дружиной)

ЧЕРНОМОР.
Нам день и ночь всё нет покоя:
Опять злодей убил героя,
Опять корыстный злобный дух
Нам отравляет всё вокруг.

(Заметил дочь)

Постойте!.. я глазам не верю:
Вернули мне мою потерю!
Русалка, дочь моя! Жива!
В волшебный сон погружена...
Так! Добыл он её из плена,
Освободил от царства зла,
И тут коварная измена
Его с ножом подстерегла.

(ЖОРЕ)

Прочь! Прочь от нас, убийца подлый!
Твой жалок жребий безысходный:
Ты будешь жить — но путь сюда
Ты позабудешь навсегда.
Прочь!

(ЖОРА исчезает)

Эй, ведьма! Полезай же в ступу,
Спеши на Лукоморье к дубу:
Там, у учёного кота
Хранится чудная вода,
Живая...

(Те же и КОТ с флягой)

КОТ.
Никуда спешить не надо. Я уже здесь. Слухи по
Лукоморью разносятся быстро. Не будем же и мы
терять времени.

(Все обступили САШКУ)

ХОР.
Вставай, поэт! И виждь, и внемли!
И обходи моря и земли
Не для корысти, не для битв —
Для звуков сладких и молитв
И вдохновения!

ЧЕРНОМОР.
И к нам
Захаживай по временам.

(САШКА очнулся. Огляделся)

САШКА.
Она здесь ещё. Она ещё здесь!

ЧЕРНОМОР.
Спаситель дочери моей!
Пришла пора проснуться ей.
Согласно вековым обычаям,
Поди и на челе девичьем
Свой поцелуй запечатлей.

(САШКА подошёл к РУСАЛКЕ, наклонился. Долго-долго поглядел. И не поцеловал)

САШКА. *(С тоской)*
Нет, Черномор. Не обессудь.
Сам разбуди родное чадо.
А мне пора в обратный путь.
В обратный путь идти мне надо!
Прощайте все! Благодарю!
Вы мне вернули край родимый
И лиру верную мою,
И боль от раны нестерпимой! Прощайте!

Дон Базилио! Баюн Чеширский! Где ваша златая цепь? Закуйте меня, изо всех сил, не отпускайте ни на шаг! Мне ведь только взглянуть, первый и последний раз. Последний, понимаешь?

(ЧЕРНОМОР наклонился к РУСАЛКЕ и поцеловал её. Музыка. РУСАЛОЧКА проснулась)

РУСАЛОЧКА.
Отец!.. Отец! Как долго я спала!

(Заливается счастливым смехом)

ЧЕРНОМОР.
О дочь моя!..

(ЧЕРНОМОР с дружиной и дочерью скрылись в родных пучинах. Их проводили и разошлись ЛЕШИЙ с ЯГОЙ, ВОЛК с КОРОЛЕВИЧЕМ и ЦАРЬ-ДЕВИЦЕЙ. Остались только КОТ с САШКОЙ)

САШКА. *(Сквозь слёзы)*
Я помню чудное мгновенье... передо мной явилась ты... ты — гений чистой красоты... как мимолетное виденье!..

АТТРАКЦИОН

*(Кипит и гремит на все лады развлекательный аттракцион «Лукоморье». Игрушечный Кощей пляшет с игрушечной бабой Ягой, а игрушечный Кот подыгрывает им на балалайке.
Из дупла фанерного дуба выглядывает Русалка с хвостом — это ЖОРА. Вследствие безуспешной командировки ему теперь приходится отдуваться самому)*

РУСАЛКА ЖОРА.
Я красавица-русалка, я сижу на ветвях,
Как ворона или галка, а точнее петух,
Если вам рубля не жалко, то идите сюда:
Я спою вам песню, господа!

Судьба моя русалочья
Так хороша, как мало чья:
Всё есть — и дом, и деньги, и здоровье!
Весь день сижу на дереве
И ем сельдей на первое,
И чёрную икорку на второе!
А на цукат и шоколад
Уже и глазки не глядят,
Вот так вот я живу и поживаю!
Одна мечта во мне жива:
Чтоб я вот так всегда жила,
И ничего другого не желаю!

ЭПИЛОГ

(Через годы КОТ с САШКОЙ сидят под дубом)

КОТ.
Сколько лет, дорогой Александр, сколько зим. А ваша история — словно вчера. Впрочем, как и та, предыдущая, с Русланом и Людмилой. Но с вами хотя бы кончилась эта путаница с Черноморами: а то и злодей Черномор, и благородный отец Черномор...

САШКА.
Теперь уж, наверное, и благородный дед?

КОТ.
Да, её высочество Морская принцесса, которую вы тогда спасли из Кощеева плена, вскоре отыскала Атлантиду и вышла замуж за тамошнего принца.

САШКА.
По-прежнему хороша?

КОТ.
Пополнела.

САШКА.
Я иногда так жалею!..

КОТ.
Ваш случай из тех, когда жгучее сожаление гарантировано при любом исходе... Расскажите лучше о вашем тогдашнем спутнике. Как его — Георгий?

СА́ШКА.
И думать о нём забыл.

КОТ.
А я его здесь нередко вижу. Его сюда как магнитом тянет. Смотрите-ка! Вот он, опять! Притащился! Хотите поговорить?

СА́ШКА.
Нет уж, увольте. Но как же вам удаётся не пускать его на Лукоморье?

КОТ.
А с вашей помощью, дорогой Александр. Прошлый раз вы забыли здесь свою волшебную шапочку. И когда ваш убий... мммм... бывший компаньон приближается, я беру эту чалму и...

(... и Лукоморье скрывается из виду. А на авансцену выходит усталый ЖОРА)

ЖОРА. (Бормочет)
Это же где-то здесь... здесь... я же помню. Сначала — прямо-прямо-прямо. Потом — налево по долине. Потом — наверх по плоскогорью. И так выходишь к Лукоморью.

(По мере припоминания за его спиной обозначается всё, что он припоминает)

У Лукоморья — дуб зелёный.
Златая цепь на дубе том.
И днём и ночью кот учёный
Всё ходит по цепи кругом.
Идёт направо — песнь заводит,
Налево — сказку говорит.

Там — чудеса...
Там Леший бродит.
(Усмехнувшись)
Русалка на ветвях сидит.
Там на неведомых дорожках
Следы невиданных зверей:
Избушка там на курьих ножках
Стоит без окон, без дверей.
Там лес и дол видений полны:
Там о заре прихлынут волны
На брег песчаный и пустой,
И тридцать витязей прекрасных
Чредой из вод выходят ясных,
И с ними дядька их морской.
Там королевич мимоходом
Пленяет Грозного царя.
Там в облаках перед народом
Через леса, через моря
Колдун несёт богатыря.
В темнице там царевна тужит,
А Бурый Волк ей верно служит.
Там ступа с Бабою Ягой
Идёт-бредёт сама собой.
Там царь Кощей над златом чахнет...
Там русский дух!
Там Русью пахнет!
И я там был! Был!..

САШКА.
И я там был.
И мёд я пил.
У моря видел дуб зелёный.
Под ним сидел. И кот учёный
Свои мне сказки говорил...

КОНЕЦ

БЕЗРАЗМЕРНОЕ ТАНГО или МОЗАИКА ЖИЗНИ

Как прекрасна река Амазонка
На просторах Бразильи моей!
Как течёт она до горизонта,
Как один нескончаемый змей.
Как люблю я в тени Кордильеров
Прогуляться под крики макак,
Я вам often спою, я Бразилью мою
Обожаю немыслимо как!

Не надо! Я умоляю вас не надо!
К чему сомненья? Сомненья ни к чему.
Не надо! Я с полуслова, с полувзгляда
В одно мгновенье всё пойму.

Как прекрасна моя Антарктида
На просторах холодных равнин,
Как мне нравится эта картина —
Над снегами парящий пингвин!
Как люблю я взобраться на айсберг
В окружении застенчивых дам,
Я вам честно спою, Антарктиду мою
Я в обиду ни разу не дам!

Не надо! Я умоляю вас не надо!
К чему сомненья? Сомненья ни к чему.
Не надо! Я с полуслова, с полувзгляда
В одно мгновенье всё пойму.

Как прекрасно моё Гонолулу,
Как прелестна моя Кострома,
Как мне нравится эта планета,
Лето, осень, весна и зима.
Как хочу я воспеть и прославить
Край за краем, страну за страной,
Пока не воспою
Всю планету мою,
Не пойду я отсюда домой.

Не надо! Я умоляю вас не надо!
К чему сомненья? Сомненья ни к чему.
Не надо! Я с полуслова, с полувзгляда
В одно мгновенье всё пойму.

Юлий Ким:

*«Михаил Левитин, главный
режиссёр московского театра
«Эрмитаж», заказал мне дописать
это танго к десятилетию театра.
«Пиши любую чушь — я поставлю»,
— сказал он. Я так и поступил, и
написал 80 с лишним строф. Из них он
отобрал 50 для постановки, составил
свою композицию и сыграл её на
юбилее. Для публикации я отобрал
эти 34, из них лишь часть совпадает
с композицией Левитина. Отбирал
я по принципу удобочитаемости.
Среди читателей может оказаться и
другой режиссёр, которому захочется
устроить свою композицию. Если
понадобится, я ещё столько же
напишу — жанр позволяет.»*

Дважды десять когтей у медведя.
Десять пальцев у нас на руках.
Десять суток, метаясь и бредя,
Достоевский писал «Игрока».
Десяти непорочным девицам
Десять бесов явились во сне.
Завершают сюжет
Десять лет, десять лет
«Эрмитажу», который в Москве!

1.
Это танго — оно, как цыганка:
Путь его пролегает везде.
Вьются юбки, гундосит шарманка,
Ноги сами несут по земле!
Знай мелькают, как карты в колоде,
Люди, страны, дороги, столбы...
Каждый новый маршрут —
Это новый лоскут
На цветную рубаху судьбы!

2.
В понедельник безоблачно-ясно,
А во вторник — чудовищный град.
В среду снова погода прекрасна,
А в четверг целый день снегопад.
Сухо в пятницу, влажно в субботу,
В воскресенье — неслыханный смерч!
Вам подобный контраст
Слишком кажется част,
А для нас он обычная вещь

3.
Вышел киллер и сел в катерпиллер.
Вышел диллер и доллар зажал.
Вышел Мюллер и с ним патер Миллер,
Воду вылил на рыжий пожар.
И вот так день за днём в этом мире
Каждый кто-то играет с огнём:
Кто-то носит его,
Кто-то гасит его,
Кто-то рученьки греет на нём.

4.
Хорошо на московском просторе.
Светят звёзды Кремля в синеве.
Гордый горец из города Гори
Всё мечтал здесь о дружной семье.
Как искал он тепла и участья,
Как хотел доверять и любить!
Этой страстной мечтой
И ужасной средой
Можно многое в нём объяснить.

5.
Вот идёт Александр Македонский
Блок, Вертинский, Фадеев, Дюма —
Александры, великие тёзки,
К ним пробиться надежды нема.
Еле терпят они Искандера,
Да и то ради дяди Сандро.
А Левитин и Ким
Соответствуют им,
Как, простите, корове седло.

6.
Есть в Туркмении город Ташауз,
И пока не задуло свечу,
Я одною мечтой утешаюсь,
Что его я ещё навещу.
Нету в нём мавзолеев Тимура
Пирамид и античных колонн.
Просто некий певун
Был там некогда юн
И в чудесную Люсю влюблён.

7.
Вот идёт Александр Грибоедов,
Острослов, дипломат, полиглот.
Он, грибами в гостях пообедав,
Совершенно расстроил живот.
Надо ехать на воды Кавказа.
«Где карета? Вон из Москвы!»
Он поехал в Тифлис,
В тот, что Персии близ,
И уже не вернулся, увы.

8.
Вот прекрасная повесть из жизни:
Князь графиню одну полюбил.
Но она из-за сильного секса
Убежать захотела с другим.
Князь искал оскорбителя долго,
Но был ранен и телом зачах.
И он всё ей простил,
И опять полюбил,
И скончался у ней на руках.

9.
Господа, ей же ей, дело скверно:
День и ночь, наяву и во сне
Розенкранц на костях Гильденстерна,
Как на флейте, играет Массне.
Как он вертит невинное тело,
Дует в дырочку, жмёт на бедро!
Уж и так он и сяк,
Но никак, ну никак
Не достанет до верхнего «до»!

10.
Вот идёт Александр Сергеич
К Николаю Васильичу Г.
Он несёт, как какой-нибудь Гнедич,
Натюрморты художника Ге.
Это видит покойный Мицкевич
И презрительно цедит слова:
«Миль пардон, Александр,
Это низменный жанр:
В натюрморте натура мертва».

11.
О, Камчатка моя, о Камчатка!
Посмотри: это я, твой Орфей.
О, роскошная дикая чайка,
Ты моя золотая форель!
О, Камчатка, ты видишь, как часто
Всю я жизнь понимаю тебя!
Что за страшный магнит
В твою тундру зарыт,
Что так манит и мучит меня!

12.
Что я в жизни любил? ненавидел?
Что нашёл я и то ли искал?
Что я видел и что не увидел?
Что я слышал и что услыхал?
Где друзья, где враги, где подруги?
Что такого сказал я умно?
Мой единственный враг,
Баснословный мудак,
Всё глядит на меня из трюмо.

13.
На скамьях Государственной Думы
Можно видеть различных людей.
Эти веселы, эти угрюмы,
Вон татарин, а вот и еврей.
Кто со свечечкой молится в храме,
Кто с попов обрывает кресты
Как богат наш народ
Депутатами от
Необъятной его широты!

14.
Как прекрасно, чудесно, отлично,
Превосходно и больше того —
Выступать перед всеми публично,
Не скрывая лица своего!
Всё лицо твоё публика видит,
От детей до солидных мужчин,
На открытый твой лик
Каждый смотрит — и в миг
Просыпается в нём гражданин.

15.
Птица малая археоптерикс!
В глубину мезозойских хвощей
Посылаю тебе этот телекс
О сегодняшнем виде вещей.
Бронтозавров твоих, мегозавров
Заменила машинная сталь.
Ну а тот трилобит
Стал потом троглодит
И пока ещё не перестал.

16.
Жили-были старик со старухой,
И всю жизнь их преследовал рок:
Оба глухи на правое ухо,
Оба слепы на левый глазок.
У неё был артрит сухожилий,
У него не хватало ступни.
Если каждого взять,
То ни сесть и не встать.
Но вдвоём обходились они.

17.
— Гавриил, где вы были намедни?
— Я к обедне ходил, Даниил.
— Гавриил, что за жалкие бредни?
— Даниил, но я правда ходил.
— Гавриил, да, но где вы сегодня?
— Я сегодня у сводни гощу.
— Как же так Габриэль:
То вы в храм, то в бордель.
— Я ищу, Даниэль, я ищу.

18.
Вот ещё одна повесть из жизни:
Граф графиню одну полюбил.
И хоть был он большой керосинщик,
Он женился и пьянку забыл.
Но она оказалась дешёвка
И хоть с кем, даже с братом жила.
Но настала война,
Заразилась она,
И он в Бога поверил тогда.

19.
Да я слушаю... слушаю... слышу...
Нет, конечно... Ну, что вы... Вчера...
Николая, Петра... Нет, не Мишу...
Мишу позже... Сначала Петра...
Да, спасибо... Не нужно... Оставьте!
Попрошу ко мне в душу не лезть!
Кто сказал «пятьдесят»?
Почему «пятьдесят»?
Двести семь — ш е с т ь д е с я т – двадцать
шесть!!!

20.
Это танго — полёт бумеранга:
Вдаль к началу — и вновь на финал.
Это песнь о стране Чунга-Чанга,
Бесконечного детства вокзал.
Как яранга в низовиях Ганга,
Это танго смешно и пестро.
Но бывает на миг —
Как змеиный язык
Танго тонко и вместе остро!

21.
Я прошу вас, Лариса, Глафира,
Умоляю, считаю до трёх:
Отречёмся от старого мира!
Отряхнём его прах с наших ног!
Ты, Лариса, пойди за Бориса,
Ты, Глафира, езжай на Кавказ —
И тогда этот мир
Будет заново мил,
А не так безобразен, как щас.

22.
— Д'Артаньян, вы дурак, извините!
— Де ла Фер, но и вы сам дурак!
— Понапрасну вы шпагой звените!
— Больше вы не попьёте коньяк!
— Где модам Бонасье Д'Артаньяньяша?
— А кто предал жену палачу?
— Я прощал сколько мог,
Но последний намёк
Не прощу! Ни за что не прощу!
— Я прощал до сих пор,
Но последний укор
Я ударом клинка возмещу!
— Я прощал, как умел,
Но всему есть предел,
И за это я вам отомщу!
— Но имейте ввиду —
— Я и здесь превзойду:
Всё прощу и спокойно уйду.

23.
— Начинаю: Е2 — Е4.
— Продолжаю: Ж7 на Ж5.
— Против денег — часы золотые.
— Принимаю.
— Прошу продолжать.
— Предлагаю посильную жертву.
— Принимаю, хотя и не рад.
— Что поделаешь Поль:
Мой бубновый король
Объявляет вам рыбу и мат.

24.
Дайте Баунти! Баунти! Баунти!
И другие подайте плоды!
Дайте радио! Видео! Ауди!
Каждый раз! И во время еды!
Дайте Стиморол! Стиморол! Стиморол! —
Защищает с утра до утра!
Дайте нам Блендамет!
Педдигри! Киттикет!
Дайте всё, что для полости рта!

25.
И ещё одна повесть из жизни:
Граф графиню свою разлюбил,
И всю жизнь с ней мечтал разойтиться,
Но всё не было нравственных сил.
Чуть, бывало, возьмётся за посох,
Как она уж опять с животом.
Только будучи стар,
Он своё наверстал
И ничуть не раскаялся в том.

26.
Всю-то жизнь я дурачился с песней,
Бегал, прыгал, играл в чепуху.
Называть это дело профессьей
Как хотите — никак не могу.
Я пложу свои песенки лёгко,
Не хочу я их в муках рожать.
А что деньги дают,
Как за доблестный труд —
То не буду же я возражать!

27.
— Я хочу рассказать тебе поле.
— Что вы, сударь, пристали ко мне?
Потому, что вы с севера, что ли?
— Шагане ты моя, Шагане,
Хочешь я расскажу тебе Фета?
— Из Бодлера просила бы я.
— Я могу и Рембо
— Ах, не всё ли равно?
— Шагане ты моя...
— Я твоя.

28.
Проходя по житейскому морю,
Пять сердец я разбил дорогих.
Правда, если бы я не разбил их,
То разбил бы четыре других.
Всё равно, брат, вались на коленки
И тверди, подводя результат:
«Виноват. Виноват.
Виноват. Виноват.
Виноват. Виноват. Виноват!»

29.
Как прекрасна мозаика жизни,
Хоть и логики как лишена!
Как луч света в вертящейся призме,
Так дробится и брызжет она!
Не ищите порядку и связи,
Проповедуйте горе уму,
А когда чёрный кот
Вам тропу перейдёт,
Перейдите её же ему!

30.
Вот идёт Александр Твардовский,
С ним Островский идёт Николай.
К ним подходит поэт Маяковский:
— Как пойти на бульвар де Распай?
— Нет, нет, нет, мы — московские люди,
Ваш Париж для нас город чужой! —
А он молча стоит,
Непричёсан, небрит,
И глядит с непонятной тоской.

31.
— А скажите, Раиса Петровна,
Где вы брали такой крепдешин?
— Это было у синего моря,
Где струятся потоки машин.
— И почём же платили за метр?
— Это дорого мне обошлось.
— А у нас креп-жоржет
Расхватали чем свет.
— Вся надежда на русский «авось».

32.
Беспорядочно перечисляя
Что на слух и на глаз попадёт,
Обернёшься назад — мать честная!
И опять воспалённо — вперёд!
Чуть за здравым погонишься смыслом,
Лезет в очи какая-то муть!
Хочешь прямо на юг —
Получается крюк,
Называется — творческий путь.

33.
Это танго оно вроде танка:
Напролом так и лезет и прёт.
Безобра-,
    беспоща-,
        без остатка
Давит траками всё напролёт.
Как безумные воют тромбоны,
От гитары спасения нет!
Хоть среда, хоть четверг —
Господа, руки вверх:
Начинается новый куплет!

К ЧИТАТЕЛЮ
(в ритме «Безразмерного танго»)

— До чего хороши пьесы Кима!
— Да, и песни весьма хороши.
— Да, но пьесы поглубже, вестимо.
— Да, но в песнях побольше души.
— Да, но главное — драматургия.
— Да, но чем же он плох, как поэт?
— Да, действительно. Но
Нужно что-то одно.
— Да, конечно, но думаю, нет.

1996—97 гг.

СОДЕРЖАНИЕ

I. ПРЕДИСЛОВИЕ АВТОРА

II. ПЕСНИ РАЗНЫХ ЛЕТ

III. ПЕСНИ ДЛЯ КИНО

IV. ТЕАТРАЛЬНОЕ ФОЙЕ

VII. ТЕМА ЛЮБВИ

VIII. ДЕТСКИЙ УГОЛОК